Ingrid Riedel

Mystik des Herzens

Ingrid Riedel

Mystik des Herzens

Meisterinnen innerer Freiheit

KREUZ

www.kreuz-verlag.de

Satz: de·te·pe, Aalen
Herstellung: fgb · freiburger graphische betriebe
www.fgb.de

Gedruckt auf umweltfreundlichem, chlorfrei gebleichtem Papier
Printed in Germany

ISBN 978-3-7831-3493-3

Inhalt

Weibliche Spiritualität

Einleitung

Frauen haben ihre eigene Art zu schauen, zu erfahren: Sie haben eine eigene Weise, das Ganze intuitiv und imaginativ zu erfassen und dabei das Einzelne nicht aus dem Blick zu verlieren. Mag es daher rühren, dass sich die Frau seit jeher auf die Ganzheit kleiner Menschenkinder noch im vorsprachlichen Stadium einzustellen wusste und von daher ihre beiden Gehirnhälften, wie man heute nachweisen kann, in fast allen Lebensbereichen noch enger zusammenzuarbeiten lernten (im Vergleich zum mehr spezifizierenden männlichen Funktionsmodus) – es hat sich jedenfalls eine eigene weibliche Weise herausgebildet, die Dinge, das Leben als Ganzes zu sehen und zu verstehen. Gerade durch diese Ganzheitlichkeit vermag die weibliche Art auch Männer anzusprechen, die solche Ergänzung ihres Eigencharakters schätzen. So hat zum Beispiel kein Geringerer als der Heidelberger Medizinhistoriker Heinrich Schipperges sich eingehend mit Hildegard von Bingen und ihrem Werk beschäftigt, sie durch seine Übersetzungen aus dem Mittelhochdeutschen und Lateinischen und auch durch seine Kommentare einer breiteren Öffentlichkeit überhaupt erst zugänglich gemacht.

Bei Hildegard, der großen Frau des 12. Jahrhunderts, geschieht der Zugang zu diesem großen Ganzen über intuitive Schau, in der Imagination, Vision und Audition ineinander übergehen. Dabei geht sie aus von einer genauen und getreuen Naturbeobachtung, die die Lebens- und Wirkungsweisen der Pflanzen beschreibt und sie auf ihre Heilkraft prüft, und von der sie zu einer Schau, einer Mystik der großen Zusammenhänge gelangt, in der sie den Kreis des Lebens, das Rund des Kosmos von einer einheitlichen Kraft durchwirkt sieht, der Grünheit, der *viriditas,* die sie in einer kosmischen Frauengestalt verkörpert sieht, der »Frau Weisheit«, der Sophia, die in einen grünen Seidenmantel gehüllt, das Rund des Weltalls von innen her erfüllt. Bis in die Wahrnehmung und Betonung schöner Kleidung hinein erscheint mir dieses Bild als weiblich empfunden.

Auch Hildegards Medizin, die man in ihrem symbolischen Charakter nicht verkennen und nicht unübersetzt in heutige Kategorien übernehmen sollte, geht von der Vernetzung aller Kräfte und von der Energie der Grünheit aus, einer psychophysischen und spirituellen Hoffnungs- und Entwicklungskraft, die anschaulich wird, wenn wir z.B. die imaginative Übung mit vollziehen, die auf Hildegard zurückgehen soll, sich nämlich in eine grüne Wiese zu legen und sich vorzustellen, dass all die Säfte und Lebenskräfte, die die Gräser und Blumen durchströmen, auch in unseren Organismus einströmten und ihn neu belebten. Sich wieder anzuschließen an das große Ganze des Lebens, an dessen »Grünheit«, bedeutet bei Hildegard Genesung des ganzen Menschen. Schon die Verbindung von kosmischer Schau und dementsprechender Heilkunde ist charakteristisch für Hildegards vernetzendes und immer auf den Menschen zurückbezogenes Denken.

Bei Marguerite Porète, einer Frau des 14. Jahrhunderts, – zweihundert Jahre nach Hildegard – ist »Liebe« die erfüllende und alles befreiende Kraft: Liebe zum Ganzen des Lebens, zu Gott, ist Marguerites »mystisches Fahrzeug«, von der sie sich getragen weiß und tragen lässt.

Bei ihr bewirkt dieses Durchdrungensein von Liebe vor allem eine unerhörte innere Freiheit: Freiheit von allem Schielen nach Lohn, Dank und Gegenliebe, von menschlicher, aber auch von göttlicher Seite her. In der Liebe stehen zu dürfen ist Glück und Dank genug. Mitgeprägt von der hohen seelischen Kultur der Troubadoure und ihrer Liebeslyrik, der »hohen Minne«, die nicht nach Erfüllung giert, z.B. in der Fernliebe zu einer »hohen Frau«, sieht auch Marguerite Porète »Gott« als einen »Fern-Nahen«, einen *Loin-près*, der eben dadurch unendlich anziehend, mitreißend ist: *ravissant*. Gott ist für diese in ihrer Muttersprache, in Mittel-Französisch schreibende Frau aus dem nordfranzösischen Hennegau der *»ravissant loin-près«*, der »hinreißend Fern-Nahe«.

Es ist eine Beschreibung, die derjenigen des inneren Animus-Bildes, das göttliche Qualität gewinnen kann, wie C. G. Jung es sieht, ähnelt und es vorausnimmt: das Bild des faszinierenden Fremden. Er ist es, der Marguerite Porète bereits erfüllt, bereits von sich aus zieht, indem er sie anzieht.

Über diese Anziehung, die für Marguerite auf einer Wesensgleichheit, Wesenseinheit der menschlichen Seele mit dem Göttlichen beruht – wie bei Meister Eckart –, gewinnt sie eine Freiheit über alle Verhinderungs- als auch Vermittlungsversuche solcher Gottverbundenheit durch Menschen, wozu für sie letztlich auch die Vermittlung durch die Kirche gehört. Das macht sie den kirchlichen Behörden ihrer Zeit verdächtig.

An Marguerite Porète ist mir vor allem wichtig, wie sie aus ihrer Gottesliebe heraus eine Freiheit gegenüber allem, wirklich allem gewinnt, was Menschen ihr antun können. Damit nimmt sie im 14. Jahrhundert vorweg, was im 20. Jahrhundert einer Edith Stein widerfährt und was auch diese aus größeren Händen als denen der NS-Schergen entgegennimmt und erträgt. Marguerite Porètes Mystik ist keine so geschwisterlich ähnlich wie diejenige Meister Eckarts, beide müssten als Zeitgenossen auch voneinander gewusst und ihr gegenseitiges Schrifttum gekannt haben: doch Marguerite Porète als Frau begründet die Wesensgleichheit des Menschen mit Gott nicht durch eine Seins-, sondern durch eine Liebesverbundenheit: Wie das Eisen mit der Glut verschmilzt, so die Seele mit Gott, die für sie die Liebesglut selbst ist. Dieses Bild gebraucht sie immer wieder für die Einheit zwischen Mensch und Gott, für die Verschmelzung zwischen Mensch und Gott.

Marguerite Porète nimmt in gewisser Hinsicht die reformatorische Wende in der Kirche vorweg: Die »Freiheit eines Christenmenschen«, von der Luther spricht, der Freiheit des von Gott Angenommenen, der sich annehmen lässt und dadurch, nur dadurch »vor Gott ... gerecht«, vor Gott recht ist, nicht aufgrund seiner Werke. Doch Marguerite Porète als Frau drückt in Begriffen, in Worten der Beziehung und der Liebe aus, was Luther als Mann unter anderem in juristischen Begriffen wie »Rechtfertigung« und »Gnade« ausdrückt, wobei auch er die Töne der Liebe kennt und anzuschlagen weiß.

Am Übergang zum 16. Jahrhundert, zeitgleich mit Reformation und Gegenreformation, lebt und wirkt Teresa von Avila, die große Reformerin des Karmeliterinnen-Ordens und damit letztlich auch eine Kirchen-Reformerin, im Blick auf deren Spiritualität. Dies ist sie nicht zuletzt durch die Entdeckung der Kontemplation, des wortlosen Gebets in der Stille. Es ist dies eine grundlegende Neuerung in der Gebetspraxis in der westlichen Christenheit.

Zugleich ist Teresa eine Frau der Tat, die ganz Spanien bereist und offene, heiße Auseinandersetzungen mit kirchlichen Behörden um die Verwirklichung ihrer Reformen führt: eine Frau der Tat, die die Kraft zur Tat aus der Stille des Bei-sich-Seins und Bei-Gott-Seins schöpft. Diese Kombination wird im 20. Jahrhundert auch bei Dorothee Sölle hervortreten: nur ist deren Wirken auf die ungleich größere Öffentlichkeit der Weltkirche und der Welt des 20. Jahrhunderts bezogen: auf die eine Welt, von der die Kirche vielleicht ein »Sauerteig«, aber doch nur ein Anteil ist. Im Spanien des 16. Jahrhunderts waren dagegen Kirche und große

Öffentlichkeit fast noch deckungsgleich. Teresa hat das geflügelte Wort geprägt: »Wenn Fasten, dann Fasten, wenn Rebhuhn, dann Rebhuhn« – das nicht nur Fasten und Speisen gleichberechtigt nebeneinander stellt, sondern auch Fasten und feine Speisen. Zugleich hält in diesem Wort auch die Tiefe, Freiheit und Freude des Fastens, die jeder kennt, der es versucht hat, jener anderen Freude an einem festlichen Mahl die Waage. Teresa bringt auf eine neue Weise leibhaftige Geschöpflichkeit und Spiritualität zusammen, letztlich Gott und Welt.

Kontemplation und Meditation, heute von den Meditationswegen des fernen Ostens belebt, wurden damals durch Teresa auch im Westen entdeckt und heimisch. Dass die Suche nach dem »wahren Selbst« und nach Gott zusammengehören, schon von Augustin gewusst, ist von Teresas Kontemplationsweise zutiefst erfahrbar geworden, z. B. in einer bildhaft erlebten Schau, einer Imagination, in der sie den inneren Garten bewässert oder die Seele als innere Burg durchwandert und dabei die Entdeckung macht, dass in dieser Burg kein Geringerer als Gott wohnt.

Teresa sind auch ekstatische Erfahrungen nicht fremd, doch sucht sie diese nicht und leitet auch nicht zu ihnen an, sie sind nicht »machbar«. Man wird von ihnen überkommen, wird überwältigt, sie sind einem zugemutet oder auch geschenkt. Durch Teresa wissen wir nur, dass es so etwas gibt, wie in der zwischenmenschlichen Liebeserfahrung auch, und dass wir es nicht als solches schon pathologisch verdächtigen müssen (obgleich Teresa selbst solche Verdächtigung widerfuhr).

Teresa, für die Gott auch bei der Arbeit an den Kochtöpfen gegenwärtig ist und erfahren werden kann, weist wiederum einen echt weiblichen Zugang zur Spiritualität auf: durch Hingabe an das, was praktisch Not tut und durch Annahme dessen, was sich uns schenkt: in der Stille der Klausur ebenso wie im Lärm der Welt.

Bewusst in die Spuren Teresas tritt eine Frau des 20. Jahrhunderts, die Intellektuelle, Philosophin, zunächst Atheistin: Edith Stein. Bei ihrer im jüdischen Brauchtum noch verwurzelten Kindheit hat sie die Tragkraft religiöser Tradition kennengelernt, die sie weiterträgt, auch als sie sich intellektuell weit davon entfernt.

Edith Stein sucht die geistige Begegnung mit Teresa nicht bewusst, sondern wird von deren geistiger Ausstrahlung berührt, gefunden und tief angezogen, als sie sie über einer nächtlichen Lektüre ihrer Schriften in der Bibliothek ihrer Freundin unvermutet entdeckt. Die Jüdin Edith Stein tritt schließlich in den Karmeliterinnen-Orden der Teresa ein. Der Schritt fällt in die Zeit, als sich durch die Machtübernahme des NS-Regimes das politische Schicksal des Judentums in Deutschland zusammenzubrauen beginnt. »Kreuzeswissenschaft« nennt die Philosophin Edith Stein ihren eigenen mystischen Zugang zu einem »übernatürlichen Umgang mit dem Leiden«, – wie ihre geistige Schwester Simone Weil dies ausdrückt – ein Umgang mit dem Leiden, das sie sich am Geschick des Jesus von Nazareth vergegenwärtigt und das sie nachzuvollziehen sucht, indem auch sie ihr »Ge-schick« nicht aus den Händen der Nazi-Schergen, sondern aus den Händen »Gottes« entgegenzunehmen sucht, als verwandelndes Leiden, das einen selbst und vielleicht auch andere Menschen zu transformieren vermag, indem es zum Beispiel bis in die Tiefe des Menschheitsgewissens hinein die Einsicht verankert, dass es nie wieder Verfolgung aus rassistischen Gründen geben dürfe. Gottes Leiden daran mittragend, nahm Edith Stein die Opferung ihres Lebens auf sich, nach jüdischer, aber auch katholischer Tradition, dass es stellvertretendes Leiden im Sinne eines Gottesknechtes, einer Gottesmagd gäbe, das mithülfe, durch freiwilliges Mittragen das Leiden Gottes und der Menschen am Unrecht der Welt nicht vergebens sein zu lassen, sondern durch Verwandlung fruchtbar zu machen.

Dies sind keine rationalen Gedanken und Vorstellungen mehr, sondern das ist Mystik, Mystik des Kreuzes, der »Kreuzeswissenschaft«.

Ein wenig mag es gelingen, sich in solches Erleben einzufühlen, wenn wir selber versuchen, etwas, das uns angetan wurde – aus Unverstand, Bosheit oder auch Neid – auf seine Bedeutung für uns selbst zu befragen, unabhängig davon, wie andere es gemeint haben mögen. Welche Bedeutung kann ich diesem Vorkommnis geben, im Blick auf mein eigenes Verständnis meines Lebens, meines Schicksals? Was kann sozusagen »Gott« damit gemeint haben? Wie kann ich es verwandeln, damit es fruchtbar werden kann, vielleicht sogar für andere und in einem größeren Zusammenhang?

In anderer Weise wirft eine Frau des 20. Jahrhunderts, Dorothee Sölle, die Frage nach dem Sinn des Leidens, dem Mittragen am »Leiden Gottes« auf. »Stellvertretung«, der Titel ihres umstrittensten Buches, wirft die Frage nach einer »Theologie nach dem Tode Gottes« auf. Wie hat man ihr diese Frage zum Vorwurf gemacht! Dabei ist nach Auschwitz nichts anderes zerbrochen als ein altes Gottesbild, das des allezeit schützenden und bewahrenden Vater-Gottes.

»Menschen gehn zu Gott in ihrer Not«, so schrieb Dietrich Bonhoeffer, Sölles älterer Zeitgenosse, der ebenfalls dem Naziterror zum Opfer fiel, und fuhr fort: »so tun sie alle, alle, Christen und Heiden«. Und er setzt neu an: »Christen aber stehn bei Gott in seiner Not«, sie bitten nicht nur um Schutz, sie tragen als erwachsene Menschen mit.

Für Sölle ist das Mithandeln und Mitleiden des Menschen mit Gott »in *seiner* Not« zentral: im Sinne klaren politischen Engagements für alle, die Unrecht leiden – denn das widerspricht Gottes Konzept für die Menschen und für die Welt – doch hat dieses extravertierte Engagement eine Innenseite, eine spirituelle Seite, aus der es sich speist und von der es in allen Widerständen, die man ihm entgegensetzt, getragen ist: nämlich, sich als »Baum Gottes« zu wissen, »gepflanzt an den Wasserbächen des Lebens«, oder in einem noch schöneren Bild, sich als »Traum Gottes« zu wissen, den man mitträumt.

Dorothee Sölle schwebt an Stelle einer Theo-logie, die »Gott« mit Hilfe des Logos zu fassen sucht, eine Theo-Poesie vor, die Gott mit Hilfe des poetisch verdichteten Wortes umkreist, in Sprach-Bildern, die auch bei ihr aus der Meditation erwachsen. In dem Gedicht »Konzentrationsübung« zeigt sie durch Meditationsschritte mit dem Bild des Meeres einen Weg auf, sich innerlich immer mehr auf das Unendliche zu beziehen und es schließlich in sich einströmen zu lassen, mit ihm eins zu werden.

Mystikerinnen wissen, dass alle religiöse Sprache symbolische Sprache ist, die, ausgehend von den Phänomenen unserer Welt, z.B. von Naturphänomenen wie Garten, Baum und Meer auf eine Bedeutungsfülle stößt, einen Bedeutungsüberschuss, der über das einzelne Naturphänomen wie das Meer hinaus verweist auf Unendliches, Grenzüberschreitendes, Transzendentes. Auch die Rede von »Gott« ist symbolische Rede: bei den Mystikerinnen vergangener Jahrhunderte noch stärker von einer allgemein anerkannten Bedeutsamkeit getragen, als das heute möglich ist. »Gott« ist heute wie immer das Heilige in unserer Welt, das, was uns »unbedingt angeht« (Paul Tillich), das, was aller Verehrung, Liebe und Hingabe wert ist. – Dies personal Heilige wie ein Gegenüber anzusprechen, auch wenn es um Unendliches geht, wie die Mystikerinnen es tun, das heißt nicht mehr und nicht weniger als unserer menschlichen Konstitution Rechnung zu tragen, der alles zum Du wird – auch der Baum, der Garten, das Meer –, dem wir wirklich und personal begegnen, in Aufmerksamkeit, Liebe und Hingabe. Zugleich kann es sich in dieser Begegnung weiten, entgrenzen, zum Gleichnis des Großen und Ganzen werden, dem wir uns verdanken und das uns bewirkt. Das ist mystische Erfahrung, wie sie jeder und jedem offen steht.

Dorothee Sölle war vor allem an einer »Demokratisierung der Mystik« gelegen, einem Zugang für alle zu ihr: Über Naturbegegnung, über die Erfahrung tiefen Leids und tiefer Freude, über Liebesbegegnung und die Erfahrung von Endlichkeit und Tod sah sie Brücken und Zugangswege zur Mystik.

Ich habe die Mystikerinnen für dieses Buch ausgewählt, die mir selbst in den letzten Jahren und Jahrzehnten auf verschiedenen Wegen nahe gekommen sind, ohne Systematik: ihre Zugangswege sind Imagination und Schau, wie bei Hildegard von Bingen, ist die Liebe, wie bei Marguerite Porète, ist die Stille der Kontemplation als ein Kraftfeld, aus dem tätige Initiative erwächst, wie bei Teresa von Avila, ist andererseits schicksalhaftes Leiden, als »Kreuzeswissenschaft«, wie bei Edith Stein und schließlich ist es die unlösbare Verbindung von »Mystik und Widerstand«, auch im politischen Sinn, wie bei Dorothee Sölle, und dazu die Möglichkeit, auf eine neue Weise von Gott zu sprechen, einer Theo-Poesie.

Nach den Kapiteln, die Leben und Wirken der ausgewählten fünf Mystikerinnen in ihrer jeweiligen Zeit beschreiben, füge ich im letzten Teil des Buches einige spezielle Übungen an, die den besonderen Zugang zur mystischen Erfahrung, den die einzelnen Frauen erschlossen haben, zugänglich macht.

Erstes Kapitel

»Die Seele ist wie ein Wind«

Hildegard von Bingen (1098–1179)

Durch eine für das 12. Jahrhundert selten gute Quellenüberlieferung – auch eine in den wesentlichen Teilen von Hildegard von Bingen selbst verfasste Vita[1]– haben wir Kenntnisse über ihre wesentlichen Lebensstationen: Sie lebte von 1098 bis 1179, in einer spannungsreichen Zeit, in die z.B. die Regierungszeit Kaiser Friedrich Barbarossas fiel. Auch war sie Zeitgenossin des großen Klosterreformers und Mystikers Bernhard von Clairvaux, des spirituellen Mentors des damaligen Europa. Auch in ihrem Leben wird er eine bedeutende Rolle spielen.

Schon bei dem kleinen Kind, dem zehnten Kind der Mechthild und des Hildebert von Bermersheim, zeigte sich eine eidetische und audiovisuelle Begabung, die das Mädchen, das auf dem elterlichen Rittergut zwischen Wiesen, Weinbergen, Wäldern und Flüssen, verbunden mit den Tieren aufwuchs, nachdenklich machte und ihm auch manchmal schmerzhaft seine Besonderheit zeigte. So berichtet sie glaubwürdig:

»In meinem dritten Lebensjahr sah ich ein so großes Licht, dass meine Seele erbebte, doch wegen meiner Kindheit konnte ich mich nicht darüber äußern … Und bis zu meinem 15. Lebensjahr sah ich vieles, und manches erzählte ich einfach, so dass die, die es hörten, sich sehr verwunderten, woher es käme und von wem es sei. Da wunderte ich mich auch selbst … Darauf verbarg ich die Schau, die ich in meiner Seele sah, so gut ich konnte … Da ward ich von großer Furcht ergriffen und wagte nicht, dies irgend jeman-

dem zu offenbaren ... Wenn ich von dieser Schau ganz durchdrungen war, sprach ich vieles, was denen, die es hörten, fremd war. Ließ aber die Gewalt der Schau ein wenig nach, in der ich mich mehr wie ein kleines Kind als nach den Jahren meines Alters verhielt, so schämte ich mich sehr, weinte oft und hätte häufig lieber geschwiegen, wenn es mir möglich gewesen wäre. Denn aus Furcht vor den Menschen wagte ich niemandem zu sagen, was ich schaute.«[2]

Scham und Scheu erfüllen die Menschen, die Neues, ihnen selbst Offenbartes erfahren, was bis dahin noch nicht in ihre geistige Umwelt passt. Hier aber wird die kindliche und dann auch die jugendliche Hildegard erschüttert und befremdet von Erlebnissen, die sie selbst nicht einordnen und mit ihren nächsten Menschen auch nicht teilen kann. In ihrer Vita erzählt sie weiter, dass sie mit ihrer Amme darüber zu sprechen versucht und diese auch befragt habe, ob sie denn nicht auch das entsprechende Bild sähe, das ihr selber unabweisbar vor Augen stand. Die Amme aber konnte nichts dergleichen wahrnehmen. Geradezu verstört darüber, dass sich diese Erfahrungen zwischenmenschlich nicht vermitteln ließen, erkannte Hildegard erst jetzt, dass ihre visionären Wahrnehmungen subjektives Erleben darstellten. Dabei begegneten sie ihr doch gleichsam als Gegenüber, wie objektiv, mehr noch, als etwas Transpersonales.

Es ist mehr als begreiflich, dass Hildegard lange nicht wagte, etwas von ihren inneren Schauungen niederzuschreiben, wagte sie doch zunächst mit keinem Menschen darüber zu sprechen. Was sie erfuhr, ging weit über die pubertätsbedingte und allemal schamerweckende Erkenntnis hinaus, anders zu sein als andere. Über der Erfahrung spontaner Audiovisionen und den eigenständigen religiösen Bildern, die sie enthielten, lag damals ebenso leicht die Verdächtigung, den Einhauchungen irreführender Luftgeister ausgesetzt und womöglich »besessen« zu sein, wie heute der Verdacht aufkäme, es handle sich bei diesem Hören von Stimmen und Sehen von Bildern womöglich um psychotische Episoden.

Wie heute eine Stigmatisierung durch psychiatrische Diagnose und Behandlung drohte, so damals die Stigmatisierung durch den Verdacht auf Ketzerei.

Die junge Hildegard begann, vieles bei sich zu behalten und »im Herzen zu bewegen«. Sie selbst verstand ihre Erfahrungen spirituell. Es kam ihrer Nachdenklichkeit und ihrer Introversion wahrscheinlich entgegen, dass ihre Eltern beschlossen, dieses zehnte Kind – zumal das Zuvorgeborene gestorben war – als ihren »Zehnten« Gott zu weihen und es schon vom achten Lebensjahr an einer geistlichen Erziehung zuzuführen, zunächst bei einer verwitweten, spirituell aufgeschlossenen Verwandten auf Burg Sponheim, wo sie mit einem gleichaltrigen Mädchen und der um sechs Jahre älteren Jutta von Sponheim in die Grundlagen religiöser Bildung eingeführt werden sollte. Dies ist gleichsam ein »Skript«, das ihr die Eltern zuschrieben und das ihr Leben prägen wird. Auf Burg Sponheim lernte sie lesen und schreiben, lernte auch die entsprechenden Lektüren kennen, die zu einem geistlichen Leben hinführten. Die Mädchen waren, ihrem Alter entsprechend, spirituell zu begeistern und mögen oft sehnsüchtig von dem hohen Bergfried auf Burg Sponheim[3] aus, der heute noch steht, in die Ferne geblickt haben, wo irgendwo im Osten, wo die Sonne aufging, Jerusalem lag, die Heilige Stadt, zu der zu der Zeit die europäische Ritterschaft aufbrach, dem Kreuzzugsgedanken folgend, der damals alle kritiklos begeisterte.

Als die inzwischen eng miteinander verbundenen Mädchen schließlich selbst den hochgemuten Wunsch äußerten, auf Pilgerschaft nach Jerusalem zu gehen, wurde den Eltern bange, so dass sie sich eher noch auf eine andere kühne Idee der spirituell ergriffenen Mädchen einließen, nämlich sie in eine Klause, die dem neuen Benediktinerklause auf dem Disibodenberg angeschlossen war, einziehen zu lassen. Jutta war damals immerhin zwanzig, die beiden Jüngeren vierzehn Jahre alt. Erst neuere Forschung, der die redaktionell bearbeitete Vita Jutta von Sponheims[4] zugrunde lag, gelangte zu der Auffassung um Hildegards Kindheit und Jugend, die ich soeben beschrieben habe, und widerspricht damit älteren Darstellungen, die auf der legendär überwucherten Vita Hildegards beruhten, nach der bereits das achtjährige Mädchen nach dem Willen der Eltern zu der dort viel älter erscheinenden Meisterin Jutta auf den Disibodenberg gebracht und dort »eingemauert« worden sei. Die ältere Darstellung diente der Dramaturgie eines Heiligenlebens, dramatisierte den Vorgang und damit die Lebensgeschichte der kleinen Hildegard.

Auch die historisch wahrscheinlichere Wirklichkeit, wie wir sie heute sehen, war noch dramatisch genug, löste sie doch die vierzehnjährige Hildegard gänzlich aus den Zusammenhängen ihrer Familie und einer altersgemäßen Entwicklung in der Begegnung mit dem anderen Geschlecht, wenn auch die Freundschaft der drei Mädchen untereinander emotional einiges aufgewogen haben mag. Doch wählten sie als Klausnerinnen eine gewisse Abgeschiedenheit, die ihrer Sehnsucht nach Nähe zu Gott entsprach. Diese Entwicklung vertiefte andererseits die durchaus altersgemäße Introversion, zu der bei Hildegard der Ausbau ihrer reich entwickelten spirituellen Innenwelt gehörte, das intensivierte und inspirierte Lauschen auf ihre Audiovisionen, die sie immer bewusster religiös interpretierte.

Die kleine Frauenkommunität auf dem Disibodenberg um Jutta von Sponheim, der sie angehörte, entwickelte sich immer mehr zu einem benediktinischen Konvent, in den Hildegard mit sechzehn Jahren offiziell eintrat. Der

Konvent entwickelte eine wachsende Anziehungskraft für weitere Schwestern und vergrößerte sich zusehends. Hildegard nahm zusammen mit ihren Gefährtinnen täglich am lateinischen Chorgebet und am Gottesdienst der Benediktiner vom Disibodenberg teil, dem der Frauenkonvent angeschlossen war, lernte mit der Liturgie zugleich Latein und die Bibel kennen, Psalmen vor allem, aber auch das Hohe Lied, dazu die täglich gesungene gregorianische Musik, durch die sie zu eigenen Gesängen, Liedern und Hymnen im Chorgebet inspiriert wurde, die letztlich durch den Tonumfang und kühne Sprünge in der Tonfolge, durch eine frei schwingende, lianenartige Melodik die Grenzen der Gregorianik sprengten.[5]

Die geistig hellwache Hildegard gewann unter den Mönchen des Disibodenbergs zugleich einen älteren Bruder und einen väterlichen Freund, Volmar, der sie, wie wir aus Hildegards vergleichsweise hohen Bildungsstand schließen können, in die Bibliothek der Abtei, also in die Werke der Kirchenväter und auch in die damals geschätzte griechische Philosophie samt Naturkunde und Medizin einführte. Sowohl der Chorgesang mit seinen biblischen Texten wie auch die Einblicke in die damalige geistige Tradition formten Hildegards Geist und drangen zugleich tief in ihr Unbewusstes ein, so dass entsprechende Vorstellungsbilder und Symbole – darunter sogar Bilder aus der jüdischen und islamischen Mystik[6] – in ihren Audiovisionen wiederkehren, dort allerdings in ihr Eigenes hineinverwandelt. Immer mehr umkreisen ihre Meditationen und Imaginationen die Welt der Bibel und der »Heilsgeschichte«, die sich schließlich zu einer selbsterfahrenen Schau verdichten, die auch die damalige kirchenpolitische Situation der Christenheit und Zukunftsvisionen einschließt. Über ihre innere Schau teilt sie sich ausschließlich ihrem geistlichen Mentor Volmar, ihrer Meisterin Jutta von Sponheim und nach deren Tod, nachdem Hildegard selbst zur Meisterin des Konvents erwählt worden ist, nur einer jüngeren, vertrauten Mitschwester, Richardis von Stade mit.

Es war ein gewaltiger Einschnitt in Hildegards spiritueller Entwicklung, als sie sich in ihrem 42. Lebensjahr, von ihrer inneren Stimme gedrängt, entschloss, die Visionen der letzten Jahre und die aus ihnen geschöpfte theologische Erkenntnis in einem Buch zu veröffentlichen, das sie *Scivias*, »Wisse die Wege«, nennen sollte.

Es gab für sie als Frau ohne theologische Ausbildung, von der die Frau damals generell ausgeschlossen war, keinen anderen Weg, sich in der kirchlichen Öffentlichkeit Gehör zu verschaffen, als unter Berufung auf direkte Offenbarung durch den Heiligen Geist, wie sie ihr in den Visionen zuteil wurde. Damit wiederum aber war in der damaligen Zeit die Möglichkeit ihrer Verketzerung und Verdächtigung auf Besessenheit durch unheilige Geister mit eingeschlossen. Es erforderte außergewöhnlichen Mut, sich an solch eine Veröffentlichung zu wagen. Hildegard erfuhr sich hier – wie auch an anderen Stellen ihres Lebens – von schweren psychosomatischen Erkrankungen heimgesucht, Atemleiden, Augenleiden, Lähmungen, solange sie sich diesem inneren Auftrag verweigerte. Sie wurde, wie sie selbst mehrfach beschreibt, nur dann krank, wenn sie ihrer »weiblichen Schwäche« nachgab. Öffnete sie sich der Aufgabe, die sie rief, allen Ängsten zum Trotz, so wurde die Somatisierung überflüssig. Da stand diese Frau nach wochenlanger Lähmung auf, schwang sich aufs Pferd und kämpfte um ihre Sache, z. B. um die Erlaubnis zur Gründung ihres ersten Klosters auf dem Rupertsberg bei Bingen, bei der zuständigen Kirchenbehörde in Mainz. Diese Frau ist in der Zeit, in der man kaum die Lebenserwartung von dreißig Jahren hatte, 82 Jahre alt geworden. Sie war hochsensibel auf alle Fragen der inneren Authentizität und somatisierte, wenn sie sich verleugnete: doch gesundete sie fast sofort, wenn sie sich riskierte.

Jedoch ehe sie etwas zu veröffentlichen wagt, schreibt sie einen überaus demütigen und angstvollen Brief an den großen geistlichen Mentor des damaligen Europa, an den Abt und Mystiker Bernhard von Clairvaux. Hier lernen wir die Frau Hildegard kennen, die sich durchringen musste zu ihrer eigenen Größe:

»Verehrungswürdiger Vater Bernhard, wunderbar stehst Du da in hohen Ehren aus Gottes Kraft ... Ich bitte Dich, Vater, beim lebendigen Gott, höre mich, da ich Dich frage: Ich bin gar sehr bekümmert ob dieser Schau, die sich mir im Geiste als ein Mysterium auftat. Niemals schaute ich sie mit äußeren Augen des Fleisches. Ich, erbärmlich und mehr als erbärmlich in meinem Sein als Frau, schaute schon von meiner Kindheit an große Wunderdinge, die meine Zunge nicht aussprechen könnte, wenn nicht Gottes Geist mich lehrte zu glauben ... Um der Liebe Gottes willen begehre ich, Vater, dass Du mich tröstest, dann werde ich sicher sein. Ich sah Dich vor mehr als zwei Jahren in dieser Schau als einen Menschen, der in die Sonne blickt und sich nicht fürchtet, sondern sehr kühn ist. Und ich habe geweint, weil ich so sehr erröte und so zaghaft bin. Gütiger Vater, Mildester, ich bin in Deine Seele hineingelegt, damit Du mir durch Dein Wort enthüllst, ob Du willst, dass ich dies offen sagen oder Schweigen bewahren soll. Denn große Mühen habe ich in dieser Schau, inwieweit ich das, was ich gesehen und gehört habe, sagen darf. Ja, bisweilen werde ich – weil ich schweige – von dieser Schau mit schweren Krankheiten aufs Lager niedergeworfen, so dass ich mich nicht aufrichten kann.«[7]

Bernhard antwortet zurückhaltend, hat er doch noch keinen rechten Einblick in Hildegards Werk, das eben entsteht, aber doch ermutigend:

»Wir freuen uns mit Dir über die Gnade Gottes, die in Dir ist ... Im übrigen, was sollen wir noch lehren oder mahnen, wo doch schon eine innere Unterweisung besteht und eine Salbung über alles belehrt ...?«[8] (ebd., S. 27).

In aller Öffentlichkeit soll sich Bernhard von Clairvaux, will man einer Quelle glauben, zu Hildegard bekannt haben, auf der Synode zu Trier (1147–1148), wo er veranlasst haben soll, dass vor den Bischöfen des Reiches und dem Papst aus Hildegards entstehendem *Scivias* vorgelesen wurde, und das für Hildegard sehr wichtige Urteil entstand, dass ihre Visionen dem rechten, dem Heiligen Geist entstammten.

So vollendet Hildegard schließlich nach einer Niederschrift, die zehn Jahre in Anspruch nahm, von 1141 bis 1151, ihr erstes Werk, *Scivias*[9]), unter dem ständigen, sensiblen und tatkräftigen Beistand ihres Vertrauten, des Magisters Volmar, und schließlich auch der jungen adeligen Mitschwester Richardis, mit der sie so tiefe Freundschaft verband, dass sie die junge Frau nicht mehr loslassen wollte, sondern sie bedrängte zu bleiben, als diese eines Tages einem Ruf, selbst Äbtissin in Bremen zu werden, folgte. Hildegard, die Einsame in ihrer Größe, kannte tiefe Bindungen, kannte die Faszination des Eros.[10] Trennung und Verlust – durch den Tod schließlich beider Vertrauter – konnte sie nur mit großer Mühe akzeptieren und verkraften, indem sie die Trauerarbeit in ihre Spiritualität aufnahm. In verwandelter Gestalt findet sich z. B. Richardis in ihrem einzigartigen Singspiel, »Spiel der Kräfte, *ordo virtutae*«, im »Brautgemach des Königs«, also in tiefer Verbundenheit mit Christus wieder.[11] Dieses Spiel ist in gewissem

Sinne Zeugnis einer Trauerarbeit, indem sie den geliebten Menschen als Verwandelten innerlich wiederfindet.

Seit Hildegard zu dem stand, was in ihr lebendig war, gewann sie immer größere Ausstrahlung und Anziehungskraft. Ihr Konvent wuchs so stark, dass er die räumlichen Möglichkeiten der Klause bald zu sprengen drohte, so dass Hildegard – nicht ohne schweren Konflikt mit dem Disibodenberger Männerkloster, das die berühmt gewordene Frau nicht mehr wegziehen lassen wollte – zunächst am Rupertsberg bei Bingen ihr eigenes Kloster erbauen ließ, zu dem später auch noch das Kloster Eibingen jenseits des Rheins kam. Zarteste Seiten kamen bei dieser Frau mit großer Tatkraft zusammen, wenn wir nur bedenken, was es im 12. Jahrhundert bedeutete, eine Abtei erbauen zu lassen, was zunächst mit der Rodung des Waldes begann, der das ganze Baugelände bedeckte. Als Äbtissin und Seelsorgerin stand sie ihrem Frauenkonvent vor, dazu war sie Beraterin, auch in gesundheitlicher Hinsicht, für zahlreiche Menschen im Umkreis. Sie stand im Briefwechsel mit halb Europa, wo man sich vom Bischof bis zur einfachen Frau seelsorgerlichen Rat bei ihr einholte.[12] Viele Klostergemeinschaften suchten bei ihr – wie der Briefwechsel nachweist – so etwas wie Supervision, wie man dies heute nennt, in ihren Konflikten untereinander. Nachweislich hatte sie Kontakt zu Kaiser Friedrich Barbarossa, dessen geistigen Rang sie schätzte, dessen Regierungsgeschäfte sie dennoch mehrfach kritisch kommentierte, was er offenbar sogar akzeptierte, indem er ihrem Kloster z.B. einen Kaiserlichen Schutzbrief ausstellen ließ, der ihr bei den zahlreichen Lokalkriegen jener Zeit sehr zustatten kam. Als er im Zuge des Investiturstreites Gegenpäpste einsetzte, redete sie ihm im Auftrag Gottes leidenschaftlich ins Gewissen.

An der Geistesklarheit und kommunikativen Kompetenz dieser Visionärin kann kein Zweifel bestehen. Auch verwechselte sie ihr menschliches Ich nie mit den transpersonalen Bildern und Gestalten, die ihr in ihrer Schau begegneten, eine Unterscheidungsfähigkeit, die bis heute als ein Kriterium dafür gilt, dass keine Psychose vorliegt. An sich ist die visionäre Begabung eine natürliche Gabe, die zwar selten, aber doch immer wieder einer Anzahl von Menschen gegeben ist. Erst Inhalt und Interpretation machen Schauungen zu dem Bedeutsamen, was sie über die Bedeutung für die visionär begabte Einzelperson hinaus sind. Visionen können, wie alle menschliche Erfahrung, auch egozentrisch und inflationär verstanden und gebraucht werden. Was wir auch als weniger visionär begabte Menschen von Hildegard lernen können, ist dies: den auch uns zugänglichen Weg zu inneren Bildern, den Weg der Imagination zu schätzen, den Zugang zur Religion über Bild und Symbol zu verstehen. Alle religiöse Sprache erweist sich letztlich als symbolische Sprache.

Hildegard blieb Visionärin von ihrer Jugend an bis ins hohe Alter und vermochte von der Mitte ihres Lebens an ihre Schau durch die Niederschrift ihrer ethischen, medizinischen und auch musikalischen Werke einer breiten Öffentlichkeit zu vermitteln.[13]

In ihren Siebzigerjahren schrieb sie ihr bedeutendstes Werk, das *liber divinorum operum*[14], eine einzige gewaltige Vision des Kosmos und der Stellung des Menschen, eines Mikrokosmos in ihm. Der Mensch gilt ihr als schöpferisches Glied, das mit dem Ganzen, mit allen Geschöpfen und Schöpfungskräften, vor allem aber mit dem Schöpfer selbst auf einzigartige Weise verbunden und vernetzt ist. Aus dieser Stellung des Menschen in kosmischer, geschwisterlicher Nachbarschaft zu allem, zu Umwelt und Mitwelt, leitet sie ihre Ethik[15] und auch ihre Gesundheitslehre[16] ab.

Spirituell aufgeschlossene Frauen von heute betrachten Hildegard von Bingen als eine ihrer frühen Wegweiserinnen: Dies zeigte sich an einer kleinen Begebenheit: Als ich vor einigen Jahren zum ersten Mal den mutmaßlichen Ort der Klause auf dem Disibodenberg besuchte, an dem die 14-jährige Hildegard damals einzog und wo sie später am *Scivias* zu schreiben begann, da überraschte mich ein frisch gepflanzter Rosenstock am Mauerwerk wie auch ein neu angelegtes Labyrinth auf dem Rasen. Das seien Frauen gewesen, sagte man mir, solche Frauen, die sich Hildegard bis heute verbunden fühlten als einer »Schwester der Weisheit« (so Hildegard in einem ihrer Lieder).

Hildegards Aktualität zeigte sich im Gedenkjahr ihrer Geburt, 1998, auf das Schönste und Überraschendste. Eine Fülle neuer Literatur, sowohl als Hinführung für interessierte Laien wie auch als Weiterführung wissenschaftlicher Forschung ihres Werkes, erschien in diesem Jahr. Eine Unmenge von Menschen, als Pilger zu den Hildegard-Stätten, Besuchern der großen Ausstellungen zu ihrem Leben und Werk, setzte sich ihrer geistigen Ausstrahlung aus. Stärkste Anziehung dürfte aber wohl doch von ihrer Schau der Natur und des Kosmos, ihrer Botschaft von der geschwisterlichen Eingebundenheit des Menschen in dieses größere Ganze und von einer daraus entwickelten ganzheitlichen Medizin und Heilkunst ausgegangen sein.

Doch ist an Hildegard auch etwas Besonderes und schwer Zugängliches: Sie hatte, wie gesagt, die Gabe, innerlich zu hören, Musik und Sprache sowie innere Bilder zu sehen. Diese Begabung ist ein ganz vielschichtiges Phänomen. Doch hängt alles daran, so meine ich, wie sie diese Gabe verstand, und was die innere Musik, die Stimmen, die Bilder ihr sagten. Da vernehmen wir zum Beispiel mit ihr die einzigartige Stimme, die für sie die göttliche Stimme war, wie sie zu ihr spricht:

»Ich bin das heimliche Feuer in allem
und alles duftet von mir
und wie der Atem im Menschen
Hauch der Lohe
so leben die Wesenheiten
und werden nicht sterben
weil ich ihr Leben bin.

Ich flamme als göttlich feuriges Leben
über dem prangenden Feld der Ähren
ich leuchte im Schimmer der Glut
ich brenne in Sonne, im Mond und in Sternen
im Windhauch ist heimliches Leben aus mir
und hält beseelend alles zusammen.«[17]

Eine Stimme ist es, die alle Sinne anspricht, die durch alle Sinne spricht: Wir haben es vernommen: »Ich dufte«, sagt diese Stimme. Hat man je zuvor gehört, dass Gott dufte? »Ich flamme, ich leuchte, ich wehe«, so hört sie Gott sagen, so erlebt sie Gott.

Daraus gewinnt ihre eigene Sprache – Hildegard hat, wie gesagt, zahlreiche Hymnen gedichtet und vertont[18] – ihren unverwechselbaren Klang und eine besondere Kraft.

Man kann auch heute, und ich meine gerade heute, von dieser Frauengestalt betroffen sein, angerührt und sie immer mehr auch für sich selbst als bedeutungsvoll entdecken. Was mich an ihr vor allem anspricht, ist dieses, dass sie etwas miteinander verbindet, was in der Geschichte der Christenheit allzu oft völlig auseinandergerissen wurde: Sie gilt als Heilige (obwohl sie bis heute offiziell nicht heilig gesprochen ist), sie wird vom Volk schon zu Lebzeiten als Heilige verehrt, und es ist gleichzeitig etwas an ihr, was die sogenannten »Hexen« charakterisierte, nämlich, dass sie eine große Heilkundige ist, eine Heilerin, im Sinne ihrer Zeit. Und zugleich ist etwas in ihr von dem, was die weisen Frauen auszeichnete, die großen Frauengestalten der keltischen und der germanischen Frühzeit, wie auch die der Anfangszeiten Israels. Hildegard war Prophetin wie Deborah, die große Frauengestalt des Alten Testaments. Sie hat weisende Worte für ihre Zeit, für den Kaiser Friedrich Barbarossa, für die damaligen Päpste.

Vielleicht das Originellste an Hildegard war, dass sie zugleich Naturkundige ist, hochinteressiert an allen Erscheinungen der Natur, insofern in gewisser Weise Naturforscherin. Sie ist eine der besten Pflanzen- und Tierkennerinnen ihrer Zeit. Ihre naturkundlichen Bücher enthalten genaue, liebevolle Beschreibungen der Fischarten[19] zum Beispiel im Gebiet des Rheins und der Nahe, aus deren Gebiet sie stammt. Einzelne Biologen unserer Zeit behaupten, dass es zumindest nichts Vollständigeres über diese Fischarten dort zu lesen gebe als ihre Beschreibungen. Was interessierte diese Frau nicht alles! Zum Beispiel hat sie die Wanderungen der Aale und deren Laichgewohnheiten genau beschrieben.

Ebenso geht sie den Lebensgesetzen und Wirkungsweisen der Pflanzen[20] nach, wobei sie diese im Sinne der mittelalterlichen Signaturenlehre, oft nach ihrer Form den Organen zuordnet. Der Signaturenlehre liegt ein altüberliefertes, aus der Antike stammendes Analogiegesetz zugrunde, das sich auf die Symbolik alles Lebendigen beruft und das man natürlich mit großer Freiheit anwenden kann. Hildegard tut das keineswegs unbedacht, sondern sie vergewissert sich, ob und wie die einzelnen Heilpflanzen wirken. Ich betone das auch, damit man mit Hildegards Rezepten in diesem symbolischen Sinne umgeht und sie nicht einfach wörtlich übernimmt. Es ist eine Menge Symbolik darin enthalten, und vor allem der Grundgedanke, es gäbe kein Leiden auf der Welt, keine Krankheit, für die nicht auch ein Kraut gewachsen wäre. Ich nehme an, dass Hildegard auch mit den Kräuterfrauen ihrer Zeit durch ihr klösterliches Sprechfenster hindurch in enger Verbindung stand. Es sind nicht alle Rezepte von ihr erfunden – und berufen sich auch nicht alle auf Gott –, die unter ihrem Namen überliefert sind. Sie hat treulich gesammelt, was sie an Heilsamem fand, wie man das in der alternativen Medizin auch heute tut, und nahm auch das Wissen der Kräuterfrauen ernst. Hildegard wird zu den wichtigsten Gestalten der Medizingeschichte gezählt. Dafür ist charakteristisch, dass der Heidelberger Medizinhistoriker, Heinrich Schipperges, als erster ihre wichtigsten Werke, vor allem auch die naturkundlichen, aus dem Mittellateinischen ins heutige Deutsch übersetzte, so dass sie zugänglich wurden. Heinrich Schipperges hat Hildegards historische Medizin medizinhistorisch gewürdigt und sie in mehreren Veröffentlichungen kompetent und inspiriert beschrieben.[21]

Hildegards Sicht der Natur ist vor allem dadurch ausgezeichnet, dass sie den ganzen Makrokosmos und damit auch den Mikrokosmos des menschlichen Organismus von einer einheitlichen Kraft durchwirkt sieht. Allein darin ist sie genial. Sie erkennt die Wirksamkeit einer einheitlichen Energie im menschlichen Körper wie im gesamten Kosmos, eine einzigartige Vorstellung Hildegards in jener Zeit, die wir nirgendwo vorher und nachher finden: es ist die Energie der *nobilissima viriditas*, der »alleredelsten Grünheit«, die Farbenergie der Hoffnung, die sowohl die Natur wie auch das Vegetativum des menschlichen Körpers durchwirkt. Dieses alleredelste Grün ist in der Pflanze, im Blattgrün, im Chlorophyll, aber ebenso im menschlichen Körper vorzustellen, vor allem auch in der menschlichen Seele.

Viriditas ist eine symbolische Hoffnungskraft, eine Wachstumskraft überhaupt: das heilige Grün! Diese alleredelste Grünheit hat sie in einer ihrer schönsten Hymnen beschrieben, mit folgenden Worten:

»Oh edelstes Grün
das wurzelt in der Sonne
und leuchtet in klarer Heiterkeit
im Rund eines kreisenden Rades
das die Herrlichkeit des Irdischen nicht fasst
umarmt von der Herzkraft himmlischer Geheimnisse
rötest du wie das Morgenlicht
und flammst wie der Sonne Glut
du Grün bis umschlossen von Liebe.«[22]

Malen wir uns die Bilder, die sie für das Grün findet, noch einmal aus. Als das Grün von der Herzkraft himmlischer Geheimnisse umarmt wird, da erglüht es, da errötet es, da wandelt es sich in die Komplementärfarbe und Komplementärkraft des Rot. Mit den beiden Farben Rot und Grün und deren Energetik arbeitet Hildegard immer wieder. Das Rot ist ihr so nahe wie das Grün, es ist für sie der Feueratem Gottes, die flammende Liebe, die für sie vor allem von der Gestalt Christi ausstrahlt.

Doch auch das Grün gewinnt in einer ihrer Visionen Gestalt, gleichsam göttliche Gestalt.[23] Es erscheint als eine Frauengestalt in einem grünen Seidenmantel, die das Rad des Kosmos von innen her erfüllt. Die Frauengestalt hält dieses kosmische Rad nicht von außen in der Hand, lässt es nicht von außen laufen, sondern sie erfüllt dieses Rad, das für sie zugleich der kosmische Kreis ist, von innen. Für Hildegard ist diese Frau die Verkörperung der Grünkraft, ist »Frau Weisheit«, ist Sophia. So gewinnt Hildegard ein individuell geprägtes, ein neu erfahrenes Gottesbild aus ihrer Schau. Die »Sophia« erscheint zwar schon in der Bibel, in den spätesten Büchern des Alten Testaments, aber sie ist in der Geschichte der Christenheit, vor allem der westlichen, bisher nur wenig wirksam geworden. Andere Vorstellungen und Themen haben sich in den Vordergrund gedrängt. Jedoch diese Frau Hildegard im 12. Jahrhundert schaut den Kosmos erfüllt von einer weiblich symbolisierten Kraft, der heiligen Grünheit. Die grüne Sophia trägt hier zwei Tafeln, ähnlich wie man Mose oft mit den beiden Gesetzestafeln dargestellt findet, aber es sind hier keine Gesetzestafeln, sondern Tafeln in strahlendem Weiß,ohne Text. Darauf ist kein Sondertext geschrieben, es sind keine Gebote, sondern auf diesen Tafeln leuchtet das volle Licht, das ungeschriebene Gesetz der Natur, das weiße Licht, das alle anderen Farben in sich enthält, die erst durch Brechung entstehen. Hier leuchtet gleichsam das »ungeschriebene Gesetz« der Natur selber auf. Diese große Schau der grünen Sophia ist für mich eines der eindrucksvollsten Bilder[24] aus Hildegards »Kosmosschrift«, dem liber *divinorum operum*, die Hildegard erst im Alter verfasst hat. Die zugehörigen Bilder aus dem »Codex von Lucca« sind allerdings nicht von ihr gemalt. Der Codex ist auch erst nach ihrer Lebzeit entstanden. Die zugehörigen Bilder sind entweder von inspirierten Mitschwestern ihres Ordens oder auch von einer inspirierten Buchmalerschule, wie es sie damals in vielen Klöstern gab, gemalt. Bei den frühen Kodices ihrer Schriften, z.B. in dem *Scivias*-Codex vom Rupertsberg, ist es möglich, dass die zugehörigen Buchmalereien sogar noch zu ihren Lebzeiten gemalt wurden, so dass sie auch von Hildegard selbst gesehen und damit autorisiert worden sein könnten.

Was Hildegard erfährt und weitergibt, ist außergewöhnlich. Mir ist wichtig, dass wir sie in ihrer wahren Größendimension erkennen und nicht nur als diejenige, die einige Heil- oder Kochrezepte überliefert hätte. Kochrezepte hat sie wahrscheinlich überhaupt nicht weitergegeben, sondern es sind allenfalls Heilrezepte aus ihrem Klosterspital, gewiss auch wohlschmeckende darunter, die sie im Rahmen ihrer Sammlungen niederschrieb. Das Grün wiederum, das »Frau Weisheit« in Gestalt eines Seidenmantels trägt, verkörpert die »Herzkraft himmlischer Geheimnisse«. Als von Gott gezeugte und von ihm her zeugende Kraft, wie Hildegard es verstand, wirkt sie in allem Grünen, nicht nur der Natur, sondern, im übertragenen Sinn auch in der Vereinigung von Mann und Frau.[25] Hildegard hat die Grünkraft nicht zuletzt in der Sexualität wirksam gesehen. Auch als Keimkraft im werdenden Kind ist die Grünkraft stark. Im Frühjahr weckt sie die Natur, im Herbst kocht sie zur Reife, was die Natur an Früchten hervorbringt, zum Beispiel auch die Trauben. Den Wein hat Hildegard geschätzt, stammt sie doch aus einer Gegend, in der der Weinbau seit alters betrieben wird.

Viele ihrer Rezepte sind mit Wein versetzt, z.B. der berühmte »Herz-Wein«, der aus Wein mit Honig und Petersilie besteht. Hildegard denkt ökologisch. Sie ist davon überzeugt, dass es keine größeren Dürrezonen auf der Erde gäbe, wenn sich der Mensch immer wieder mit seiner Quelle der göttlichen Grünkraft verbände. Nur durch die Absonderung des Menschen von der Quelle der Grünkraft und durch die sich daraus ergebenden unheilvollen Entwicklungen werde die Erde immer mehr durch Unfruchtbarkeit gefährdet. Hildegard war überzeugt, dass es nicht einmal der Pflege der Gärten und Felder bedürfe, wenn der Mensch in der ursprünglichen Schöpfungsordnung lebe. Dann vermöchte die Grünkraft alles zu durchpulsen. Es ist keine Frage, dass diese Aussage nicht wörtlich, aber symbolisch sehr ernst zu nehmen ist.

Vom Konkreten bis hin zum Spirituellen ist nach Hildegards Sicht alles von dieser Kraft durchströmt, einer Keim- und Schöpfungskraft, die zugleich, wie es die Farbenergie Grün immer tut, Ruhe und Gleichgewicht mit sich bringe, eine ausgleichende Kraft. Grün ist ja die Farbe zwischen Blau und Gelb, zwischen der Höhe des Lichtes und der Tiefe des Wassers, aus beiden polaren Farbelementen gemischt. Es ist die Farbe, in der alle Dinge zur Ruhe kommen.

Diese Vorstellung Hildegards von der Heilkraft des Grün setzt sie auch in ihren Vorschlägen zur Behandlung kranker Menschen um. So kennt sie die wohltuende Wirkung dieser Farbe auf die Sehnerven müder oder kranker Augen. Den Menschen, die an überanstrengten Augen leiden, schlägt sie vor: hinauszugehen auf eine grüne Wiese und sie so lange anzuschauen, bis ihre Augen wie vom Weinen nass werden, bis die Augen von dem Grün übergehen, überquellen: »Das Grün dieser Wiese nämlich beseitigt das Trübe in den Augen und macht sie wieder sauber und klar.«[26]

Hildegard kennt die Kraft der Imagination, wie wir sie heute nennen. Die therapeutische Kraft solcher Imagination[27], also der Bilder, die wir innerlich als »Tagträume« aufsteigen lassen, wird von Carl Gustav Jungs Aktiver Imagination bis zum heutigen psycho-somatisch orientierten »katathymen Bilderleben« in der Medizin wiederentdeckt. Am bekanntesten ist das Verfahren von Prof. Hanscarl Leuner[28] geworden, das jeweils auch von dem Motiv einer innerlich vorgestellten »Wiese« ausgeht. Leuner sagte mir einmal im Vertrauen, er hätte bei der Entwicklung seines Verfahrens viel von der mystischen Tradition gelernt. Seine Methode ist heute ein anerkanntes psycho-somatisches Verfahren, das in zahlreichen Kliniken angewandt wird.

So kennt auch Hildegard noch umfassendere Übungen, in denen Imagination und Zuwendung zur wirklichen Natur sich ergänzen. Einer ihrer Vorschläge lautet zum Beispiel: Es solle der Mensch hinausgehen auf eine grüne Wiese, sich hineinlegen und sich vorstellen, dass alle Säfte und Kräfte des Grases, der Kräuter, samt ihrer Düfte seinen Körper durchströmen. Hildegard sagt auch, dass man sich im Winter, wenn die grüne Wiese nicht betretbar sei, eine solche Wiese vorstellen solle, auf der man sich dann niederlasse.

Wenn wir uns auch nur vorstellen, diese Übung zu machen, dann beginnt uns auch schon die Grünkraft an vielen Stellen des Körpers zu durchströmen, und wir können sie auch dorthin leiten, wo wir sie besonders brauchen, an schmerzende Stellen zum Beispiel, an verspannte oder auch taube Stellen in unserem Körper, an unlebendige Stellen. Dort kann die Grünkraft der Wiese wohltuend belebend wirken.

Für die schon zu ihren Lebzeiten eingeleitete Heiligsprechung Hildegards, die, weiß Gott warum, bis heute nicht abgeschlossen ist, waren Berichte über die von ihr bewirkten Heilungen wichtig. Solche Berichte werden im Auftrag Roms immer dann gesammelt, wenn die Heiligsprechung eines besonderen Menschen beantragt und erwogen wird, obwohl heute andere Glaubens- und Liebestaten der Betreffenden wohl ebenso stark zählen. Es gibt zahlreiche solcher Heilungsberichte um Hildegard herum, von denen sicherlich viele legendenhaft sind und in denen Hildegards therapeutischen Erfolge als Wunderheilungen dargestellt werden. Doch typisch dafür, wie das Volk über sie dachte, wie es sich ihre Art, an Krankheiten heranzugehen, vorstellte, ist die folgende überlieferte Geschichte: »Als Hildegard einst bei dem Ort Rüdesheim über den Rhein fuhr, um ihr nahegelegenes neues Kloster Eibingen zu besuchen, näherte sich ihrem Schiff eine Frau, die einen blinden Knaben in den Armen trug und flehentlich unter Tränen bat, sie möge dem Kind ihre heiligen Hände auflegen. In gütigem Mitleid gedachte sie dessen, der sprach: ›Geh an den Teich Siloah und wasche dich‹ (wie es von Jesus berichtet wird, I.R.), schöpfte mit der Linken Wasser aus dem Rhein und segnete es mit der Rechten. Dann sprengte sie es dem Knaben über die Augen und unter dem Gnadenbeistand Gottes erhielt er sein Sehvermögen zurück.«[29] Legende? Eine solche Heilung könnte von der großen Erwartung dieser Menschen her oder von dem her gesehen, wie dieses Wasser durch ihre Segenskraft energetisiert wurde, nicht unmöglich sein. Möglich auch, dass dieser Junge ein psychosomatisch bedingtes Augenleiden hatte und durch die große Erwartung, die große Freude, die eine Begegnung mit einer solchen Frau wie Hildegard auslöste, tatsächlich das Augenlicht wieder bekam.

Das ist aus heutiger Sicht nicht unmöglich. Vor hundert Jahren hätte man vielleicht zu einem solchen Bericht eher gesagt, er sei bloße Legende, heute denkt man da wieder differenzierter und weiß um die psycho-somatische Wirkkraft solcher Gesten, solcher Berührungen auf einen Kranken, der z.B. in Hildegard eine große Heilerin sieht.

Charakteristisch für Hildegard scheint gewesen zu sein, dass sie selten oder nie mit bloßen magischen Heilformeln umging, wie es der Zeit entsprochen hätte. Vielmehr berief sie sich auf die heilenden Kräfte, die Jesus durch seine Verbundenheit mit »der Quelle« zur Verfügung standen und die auch den Glaubenden zugesagt sind. Das ist natürlich kein streng medizinisches Heilverfahren, sondern ein im Glauben begründetes. Die Schlichtheit dieses Berichtes scheint charakteristisch zu sein für das, was das Volk über Hildegard dachte, wie es sie einschätzte.

Noch bewegender und überzeugender für mich, auch als Psychotherapeutin, ist der überlieferte Bericht von der Heilung einer, wie wir heute sagen würden, psychotischen Frau, einer adligen Frau Sigewiza[30], die den ganzen Rheingau unsicher gemacht haben soll, dadurch, dass sie in den Gottesdiensten erschien und während der heiligsten Handlungen von einem Lästerzwang überfallen wurde, so dass ihr Worte »wie Kröten« aus dem Mund traten. Sie irritierte die Andacht und brachte die Leute, die es miterlebten, in Aufruhr. Nach damaligem Usus hat man Exorzismen an ihr versucht, Dämonenaustreibungen, doch ohne Erfolg. Sigewiza schien immer wütender geworden zu sein, habe herumgeschrien und demoliert. Ihr Leiden entsprach dem Bild, das wir auch heute bei einer blühenden Psychose vor uns haben, die sich auch heute oft mit einem Lästerzwang verbindet, der vor allem dem gegenüber auftritt, was anderen heilig ist. Eines Tages jedoch soll diese Frau Sigewiza verlautet haben, sie könne geheilt werden, jedoch nur von einer Frau, »Schrumpelgardis«,. Hildegard fühlte sich gemeint, auch wenn mit diesem Ausspruch ihr Alter ein wenig ironisiert wird, und erklärte sich bereit, wenn auch nicht ohne Bangen, diese Frau zu sehen. Nach dieser Begegnung wollte sich Sigewiza nicht mehr von Hildegard trennen, sondern in Hildegards Kloster bleiben. Man nahm sie auf, auch wenn sie weiterhin lästerte, herumschrie, demolierte und den Schwestern viel Irritation bereitete. Aber sie nahmen sie auf, nahmen sie schlicht in ihre benediktinische Tagesordnung mit hinein, in das *ora et labora* mit den Stundengebeten, mit den Gottesdiensten. Nach einigen Monaten, als die Fastenzeit und Ostern nahte, begann sich der Lästerzwang zu lösen: den Karfreitagsgottesdienst konnte sie schließlich ganz ergriffen mit vollziehen. Nun wurde Sigewizas Wunsch laut, sich den Schwestern anzuschließen und im Kloster zu bleiben. Nach Abstimmung mit ihren Nonnen hat Hildegard sie nicht ohne Bangen, aber doch mit Vertrauen aufgenommen. Sigewiza ist offensichtlich nicht mehr psychotisch geworden.

Auch dies ist unter heutiger Perspektive als nicht unmöglich zu erachten, weil die geordnete Gemeinschaft mit ihrem strukturierten Tagesablauf, mit ihrem spirituellen Zentrum im Gottesdienst, mit den Ritualen und Gebärden durchaus heilsam wirken konnte. In den therapeutischen Wohngemeinschaften heute können wir so etwas nur annähernd nachgestalten. Sigewiza war den Benediktinerinnen im Glauben verbunden. Sie konnte sich aus ihrer psychischen Fragmentierung, in die sie verfallen war, wieder befreien und sich »Schrumpelgardis« voll anvertrauen. Der Bericht hierüber kommt mir glaubwürdig vor. Es ist auch ein größerer zeitgenössischer Briefwechsel über den »Fall Sigewiza« erhalten.[31]

Hildegard war, wie wir sahen, mit einer starken Fähigkeit zur Imagination begabt, die sich gelegentlich bis zur Vision steigern konnte. Möglicherweise waren ihr auch deshalb die genannten Übungen des Sehens und Vorstellens nicht fremd, die sie zur Heilung einsetzte. Die seherische Begabung bestimmte ihr ganzes Sein. Hildegard kann deshalb als eine Anregerin für alle diejenigen gelten, die sich im Imaginieren üben und von da aus zu einer tiefen Erfahrung ihrer selbst und vielleicht auch einer spirituellen Erfahrung gelangen können. Eine solche ist im Grunde jedem Menschen möglich. Es ist dabei nicht nötig, mit komplizierten und hochgestochenen Bildmotiven anzufangen, sondern man kann mit der Vorstellung eines grünen Baumes oder einer Wiese oder eines Sees zu imaginieren beginnen, und dies kann – es muss nicht, es kann – in eine tiefe Ganzheitserfahrung einmünden. Imagination ist ein legitimer klassischer Weg zur religiösen Erfahrung. Es ist auch möglich, über die gesehenen Bilder zur Gestaltung dieser Bilder fortzuschreiten, zum Malen der Imagination und dabei zu intensiver innerer Erfahrung zu gelangen. Auch den Buchmalern und Buchmalerinnen ihrer Zeit gelang es, die Visionen Hildegards in außergewöhnliche Bilder zu verwandeln, die ihrerseits zur Meditation anregen.[32]

Dessen ungeachtet, war Hildegard nicht primär Visionärin in einer stillen Kammer, sondern Äbtissin eines großen Klosters, später mehrerer Klöster. Das erfordert Geistesgegenwart, Fähigkeit zur Seelsorge, aber auch zur Verwaltung. Zwei große Abteien hat sie in eigener Regie erbauen lassen, angefangen von der Rodung des bewaldeten Rupertsbergs, mit Anlagen von Wasserleitungen – und dies im 12. Jahrhundert! Eine Frau von ungewöhnlichem Format, bei der zarteste Seiten mit großer Energie zusammentreffen, war Hildegard.

Hildegard ist als Seherin zugleich Mystikerin. Sie erfährt und vertritt eine Mystik, die sich charakteristisch von eines Meister Eckarts unterscheidet, aber auch von der einer Teresa von Avila, obgleich auch diese mit Kontemplation und Bildern arbeitet, z.B. mit dem Symbol einer »inneren Burg«. Wir werden noch von ihr hören. Aber das Besondere der Mystik Hildegards ist, dass sie nicht die Verbindung der einzelnen Seele zu Gott zum Hauptthema hat, obgleich ihr das eine Selbstverständlichkeit ist. Aber darüber schreibt sie nicht, das ist ihr fast zu intim. Hildegard ist eine sehr sachliche Frau. Sie schreibt über ihre natur- und heilkundlichen Werke hinaus von ihrer Vision des Kosmos. Damit kann sie gerade uns Heutige ansprechen. In ihrer Schau sieht sie kosmische Zusammenhänge, nicht im Sinne heutiger Naturwissenschaft, natürlich, sondern einer intuitiven ganzheitlichen Vorstellung. Es macht einen Unterschied für meinen existentiellen Ort im Kosmos, von welchem Geist ich ihn durchwaltet sehe: ob es der Geist der Grünkraft ist, der aus »Sophia«, aus der »Weisheit« stammt, oder ein gleichgültiger Geist bzw. gar kein Geist, sondern der blinde Zufall. Vielleicht erst vierhundert Jahre nach Hildegard begegnet uns im 16. Jahrhundert in Jakob Böhme ein ihr verwandter Geist, dem es ebenfalls um das Geheimnis eines von göttlichem Geist durchwirkten Kosmos geht. Bei der Frage nach einer neuen Theologie der Natur, wie sie auch in der theologischen Wissenschaft heute gestellt wird, sollten wir Hildegard hören. Auch für eine neue theologische Denkweise,

Philosophie und Spiritualität ist Hildegard eine Kronzeugin. Eine Vision, die sie in kraftvoll poetischer Sprache niederschreibt, sei berichtet. Deren Zentrum ist eine gewaltige kosmische Gestalt, die das Firmament wie im Schoß hält. Diese Gestalt, die von flammender Liebe erfüllt ist, hört sie sprechen:

»Ich, die höchste und feurige Kraft, habe jedweden Funken von Leben entzündet und nichts Tödliches sprühe ich aus. Mit meinen höheren Flügeln umfliege ich den Erdkreis. Mit Weisheit habe ich das All recht geordnet. Ich, das feurige Leben göttlicher Wesenheit, zünde hin über die Schönheiten der Fluren. Ich leuchte in den Gewässern und brenne in Sonne, Mond und Sternen. Mit jedem Lufthauch wie mit unsichtbarem Leben, das alles enthält, erwecke ich alles zum Leben. So ruhe ich in aller Wirklichkeit verborgen als feurige Kraft. Alles brennt so durch mich, wie der Atem den Menschen unablässig bewegt, gleich der windbewegten Flamme im Feuer. Dies alles lebt in seiner Wesenheit und ist kein Tod darin, denn ich bin das Leben. Ich bin auch die Vernunft, die den Hauch des tönenden Wortes in sich trägt, durch das die ganze Schöpfung gemacht ist. Allem hauche ich Leben ein, so dass nichts davon in seiner Art sterblich ist. Denn ich bin das Leben.«[33]

Das Wort dieser kosmischen Gestalt hat einen machtvollen Klang! Das ist nicht der säuselnde Ton mancher Pseudo-Mystik. Wenn wir die Bilder nachvollziehen, sehen wir vor den inneren Augen einen flammenden Menschen, der wie aus Feuer besteht. Für Hildegard ist es das Liebesfeuer, die göttliche Liebe, in der alles enthalten ist. Von ihr umfangen erscheint das kosmische Rad. Es enthält auch Tierzeichen, auf den ersten Blick ähnlich wie die bekannten im Tierkreis des Horoskops, aber doch ganz eigenständig von ihr gesehen. Für Hildegard sind es bestimmte Kräfte, die sie je nach ihrer Art, ob wildere oder sanftere Kräfte, bestimmten Tierarten bzw. Tierköpfen zuordnet. Letztlich sind sie alle miteinander vernetzt, das ist das Besondere an Hildegards Sicht. Von dieser Vernetzung, in die der Mensch einbezogen ist, leitet sie dessen Verantwortung für alles ab, was in seiner Reichweite geschieht, auch für die Störung im ökologischen Zusammenhang, dafür, dass die Elemente sich – und das schon in ihrer Zeit! – bei Gott beklagen müssen, dass der Mensch sie vergiftet oder durcheinander gebracht habe. Für sie trägt der Mensch Verantwortung, weil er viele Fäden dieses kosmischen Netzwerks in seiner Hand hält. Eine braune Kugel ist unsere Erde hier, der Mensch aber überragt sie in Hildegards Schau gewaltig und steht da mit einer unglaublichen Freiheit, steht in der Mitte dieses Kraftfelds und hält alles in seiner Hand, obgleich er selbst umfasst ist von dem Feuerkreis göttlicher Liebe. Unter dem Liebesfeuerkreis sieht Hildegard allerdings einen Kreis dunklen Feuers, das »Dunkelfeuer Gottes« – das für Hildegard alles das bedeutet, was der Liebe widerspricht, das Zornesfeuer Gottes und auch all die Widersprüche in der Welt –, die sie aber letztlich umfasst sieht vom Feuer göttlicher Liebe. Wie auch in einer großen menschlichen Liebe die Widersprüche, auch Hass und Zorn mit enthalten sind, so ist auch dieses kosmische Bild gedacht und gesehen. Das hat etwas Geniales an sich. Das Rot ist hier also die andere Seite der sanften Grünheit, die wiederum das Komplementäre zu dem wilden Feueratem ist. Die Kräfte des Grün und des Rot zusammen machen für Hildegard die Lebensenergie der Welt aus.

Eine ungeheure Schau ist dies und auch eine Wortoffenbarung.

Korrespondierend zu diesem Gottesbild versteht Hildegard die Seele des Menschen:

»Die Seele ist wie ein Wind, der über die Kräuter weht,
und wie ein Tau, der auf die Gräser träufelt,
und wie die Regenluft, die wachsen macht.
Genauso ströme der Mensch sein Wohlwollen aus auf
alle, die da Sehnsucht tragen.
Ein Wind sei er, indem er den Elenden hilft.
Ein Tau, indem er die Verlassenen tröstet.
Und Regenluft sei er, indem er die Ermatteten
aufrichtet und sie erfüllt wie Hungernde,
indem er ihnen seine Seele hingibt.«[34]

Ein wunderbares Wort ist dies für alle Menschen, die in heilenden Bezügen oder gar Berufen stehen. Die Seele, die sich den Mitmenschen und Mitgeschöpfen hingibt, ist also wie ein Wind, der aufrichtend über die Kräuter weht. Das hat man vor Hildegard noch nie gehört. Und darin spüren wir die ganze Hildegard in ihrem weiträumigen und liebevollen Geist. Seele, Wind und Tau sind ihr keine für sich bestehenden Wesenheiten, sondern alles ist zur Korrespondenz miteinander geschaffen. Am Wind und am Tau liest sie ab, wie die Wesen und die Kräfte miteinander korrespondieren und wie es auch unsere Seele mit allem Lebendigen tut. Die Seele ist dazu da, um wie der Tau Leben aufzurichten.

Hildegard begreift den ganzen Kosmos, Wind, Tau und Regenluft, Kräuter und Gräser, alles durchwirkt von göttlichem Atem, oder mit jenem polaren Bild, das ihr nicht weniger wichtig ist: »durchpulst von lebendigem Grün«. Alles ist aufeinander bezogen, alles stiftet Beziehung und ruft den Menschen zur Bezogenheit auf. So ist es nur natürlich, dass Hildegard zugleich eine große Heilende war. Sie war es wohl vor allem als Seelsorgerin, wobei Seele so zu verstehen ist wie hier: als »der Wind, der über die Kräuter weht«.

Hildegard hat eine Hymne über die heilende Kraft gedichtet und vertont:

»O heilende Kraft, die sich Bahn bricht!
Alles durchdringst du,
die Höhen, die Tiefen,
und jeglichen Abgrund.
Du bauest und bildest alles.

Durch dich träufeln die Wolken,
regt ihre Schwingen die Luft.
Durch dich birgt Wasser das harte Gestein,
rinnen die Bäche
und quillt aus der Erde das frische Grün.

Du auch führst den Geist,
der deine Lehre trinkt,
ins Weite,
wehest Weisheit in ihn
und mit der Weisheit die Freude.«[35]

Wichtige Aufschlüsse über die Art ihrer Visionsgabe gibt noch einmal ein Brief, den Hildegard in hohem Alter schrieb, als Antwort auf die dringende Bitte des Mönches Wibert von Gembloux um Erläuterung ihrer Erfahrungen. Dieser hat sich dann auch angeboten – tief berührt von Hildegard, wie er war –, ihr als Schreibsekretär beizustehen. Nach dem Tode Volmars war Hildegard in dieser Hinsicht verwaist und verlassen: denn die Schreibkunst war damals an eine besondere Fertigkeit und Kompetenz gebunden. Vor allem die Fähigkeit zur Übertragung der ersten Notizen von Wachstäfelchen auf die Pergamente, die offiziell für die Öffentlichkeit bestimmt waren, erforderte eine eigene Ausbildung. Obwohl Wibert mit seiner Frage nach ihrer Visionsgabe Hildegard eigentlich ein wenig zu nahe getreten war, hat sie ihm geantwortet, und wir verdanken diesem Brief noch tiefere Einsichten in ihre Erfahrungen:

»Von meiner Kindheit an, als meine Gebeine, Nerven und Adern noch nicht erstarkt waren, erfreue ich mich der Gabe dieser Schau in meiner Seele bis zur gegenwärtigen Stunde, wo ich doch schon mehr als siebzig Jahre alt bin. Und meine Seele steigt, wie Gott will, in dieser Schau empor bis in die Höhe des Firmamentes. Ich sehe aber diese Dinge nicht mit den äußeren Augen und höre sie nicht mit den äußeren Ohren,. Auch nehme sie nicht mit den Gedanken meines Herzens wahr, noch durch irgendeine Vermittlung meiner fünf Sinne. Ich sehe sie vielmehr einzig in meiner Seele mit offenen leiblichen Augen, so dass ich dabei niemals die Bewusstlosigkeit einer Ekstase erleide, sondern wachend schaue ich dies bei Tag und bei Nacht. Das Licht, das ich schaue, ist nicht an den Raum gebunden. Es ist viel lichter als eine Wolke, die die Sonne in sich trägt. Weder Höhe noch Länge noch Breite vermag ich an ihm zu erkennen. Und wie Sonne, Mond und Sterne in Wassern sich spiegeln, so leuchten mir Schriften, Reden, Kräfte und gewisse Werke der Menschen in ihm auf.«[36]

Da ist ein Licht, das ihr den Durchblick gibt, auch während sie liest und während sie Menschen beobachtet. Sie sieht, was geschieht, und versteht es intuitiv. Es geht ihr ein Licht auf. Zugleich stellt sie sich den Vorgang des Sehens auf eine lichte Scheibe projiziert vor, auf der alles bildhaft erscheint, was sie innerlich schaut. Hildegard scheint die Gabe gehabt zu haben, jederzeit bei offenen Augen diesen Lichtschimmer zu sehen. Auffallend ist, dass sie in diesem Licht nicht nur Bildhaftes sieht, sondern auch Worte, Kräfte, Taten wahrnimmt, und dass dieses Licht zu tönen vermag. Hildegards Musik kommt aus diesem Licht, das zu singen, zu sprechen vermag. Es gibt ihr auch die Worte ihrer Hymnen ein. Von diesem Glanz ist sie wie von einer Hand angerührt. Es ist, als ob die sonst vorhandene Abgrenzung der Sinne in diesem Moment voneinander schwände, so dass Hören, Sehen und Fühlen eins werden. In einem ihrer Briefe schreibt sie, dass sie in ihrer Schau sich wie eine kleine Feder fühle, emporgehoben und getragen. Sie teilt auch mit, was es in ihr auslöst, wenn sie so empor getragen wird:

»In diesem Lichte sehe ich zuweilen, aber nicht oft, ein anderes Licht, das von mir ›das lebendige Licht‹ genannt wird. Wann und wie ich es schaue, kann ich nicht sagen, aber solange ich es schaue, wird alle Traurigkeit und alle Angst von mir genommen, so dass ich mich wie ein einfaches junges Mädchen fühle und nicht wie eine alte Frau.«[37]

Wir spüren mit ihr: Wenn dieses ganz besondere und wesentliche Licht in ihr aufleuchtet, ist sie wie von innen beglückt und verjüngt und ganz von dieser Lichtenergie erfüllt. Eine ihrer Hymnen endet, wie wir es hörten, mit den Worten:

»Du auch führest meinen Geist ins Weite,
wehest Weisheit in ihn
und mit der Weisheit die Freude.«[38]

Es geht etwas Befreiendes, Weites, ja Heiteres von Hildegards Geist und Wesen aus, etwas Beglückendes.

Was ist »weibliche Spiritualität«? Vor allem anderen ist es die Spiritualität von Frauen, von Frauen in all ihrer Unterschiedlichkeit. Ob es dabei doch etwas Charakteristisches gibt, das bei vielen spirituellen Frauen wiederkehrt, können wir vielleicht herausspüren oder wenigstens präziser erfragen, nachdem wir uns zunächst einmal auf die Spiritualität einer Frau wie Hildegard von Bingen besinnen, sie noch einmal reflektieren. Ich versuche, noch einmal die wichtigsten Züge ihrer Spiritualität zu umreißen:

Sie ist schöpfungsbezogen, schöpfungsbejahend und unterscheidet sich damit von jeder weltflüchtigen und dualistischen Spiritualität, wie sie in ihrer Zeit vor allem von den Katharern, den »ganz Reinen«, wie sie sich nannten, vertreten wurde.

Sie ist lebens- und leibbejahend und unterscheidet sich damit von der asketischen Spiritualität, die den Leib durch Kasteiung und Abtötung zu überwinden suchte, eine asketische Spiritualität, die auch Hildegards Meisterin Jutta von Sponheim[39] nicht fremd war, ebenso wie Hildegards jüngerer Briefpartnerin, Elisabeth von Schönau[40], der gegenüber Hildegard mehrfach das gute Maß, das Maßhalten und die *»discretio«*, die Unterscheidungsfähigkeit zwischen Zuträglichem und Unzuträglichem betont.

Hildegards Spiritualität ist seelenbezogen und seelenbejahend und tritt auch gegenüber allem, was die psychische Seite des Menschen manipulieren und überstrapazieren könnte, sei es von Seiten des Geistes oder des Körpers her, durch übertriebene spirituelle Übungen etwa, für das gute Maß und die *discretio* ein. So empfängt sie ihre Schau, wie sie mehrfach betont, »einzig in meiner Seele, mit offenen leiblichen Augen, so dass ich dabei niemals die Bewusstlosigkeit einer Ekstase erleide, sondern wachend schaue ich dies, bei Tag und Nacht«[41]. Alle Exaltierheit und alles Gieren nach psychischen Ausnahmezuständen ist ihr fremd. Doch ist die Seele, die Psyche, für sie das wichtigste Empfangsorgan für Botschaften, Bilder und Erfahrungen aus der Transzendenz, die sie unbedingt ernst nimmt.

So ist denn ihre Spiritualität erfahrungsbezogen, indem sie nichts einfach aus der Tradition übernimmt, zugleich aber auch die religiöse, die gesellschaftliche wie auch die medizinisch-therapeutische Tradition ihrer Zeit ernst nimmt, nicht einfach ablehnt, sondern alles Überlieferte ins Licht der eigenen spirituellen Erfahrung hält, es darin prüft und eventuell neu versteht. Auch spirituelle Neuerfahrungen, die noch nicht in die Tradition ihrer Zeit passen und die sie deshalb auch ängstigen, teilt sie gewissenhaft und mutig in ihren Schriften mit. Diese Erfahrung aber macht sie in ihrer Seele, in ihrer inneren Schau des »Lichtes«: »Und wie Sonne, Mond und Sterne in Wassern sich spiegeln, so leuchten mir Schriften, Reden, Kräfte und gewisse Werke der Menschen in ihm auf.«[42]

Hildegards Spiritualität gründet und vermittelt sich in bildhaft-symbolischer Schau und der entsprechenden Sprache, im Unterschied zu solcher Spiritualität, die Imagination und Bild geradezu zu überwinden sucht, ich denke dabei an die zen-buddhistische Spiritualität, aber auch diejenige Meister Eckarts. So verdanken wir ihrer imaginativ-visionär gewonnenen theologischen Erkenntnis vor allem neue Bilder und Symbole, ein neues Menschen- und Weltbild, aber auch ein neues, um die weiblichen Nuancen ergänztes Gottesbild. Hildegards theologisches Denken ist dem gemäß niemals lehrhaft-abstrakt, sondern immer beschreibend-konkret, bildhaft. Es ist intuitiv, assoziativ und verleugnet seinen imaginativen Ursprung nie.

Hildegards Spiritualität gründet und vermittelt sich zugleich in auditiven Erfahrungen, Hörerfahrungen von Wort, Klang und Musik. Sie hört »das Licht« sprechen; hört die Elemente der Welt, Feuer, Luft, Wasser und Erde, vor Gott klagen und den Menschen anklagen, dass der Mensch sie verunreinigt und aus ihren schöpfungsgemäßen Bahnen geworfen habe: »Wir, die Elemente, die Lüfte, die Wasser, wir stinken schon wie die Pest, wir vergehen vor Hunger nach einem gerechten Ausgleich«.[43] Sie hört aber auch das Universum tönen in der nicht irritierbaren Musik der Sphären und der Engel. Hildegards Spiritualität ist eine zutiefst musikalische, aus innerem Hören geschöpfte, die sich in Gedicht und Lied ausdrückt, auch in dem »Spiel der Kräfte«, der *»Ordo virtutum«*, dem ersten deutschen Singspiel überhaupt, in dem es um das Ringen der ›Gotteskräfte und deren Gegenkräfte um die Seele des Menschen geht.[44]

Ein alles durchwirkender Zug in Hildegards Spiritualität, der mir nun allerdings als ein eminent weiblicher erscheint, ist der zu einer verbindenden und vernetzenden Schau aller Kräfte und Gegenkräfte, die das Universum in dialektischer Spannung zusammenhalten und denen der Mensch ausgesetzt ist, passiv und aktiv, als Miterleidender, aber auch berufen zu verantwortlicher schöpferischer Mitgestaltung. Dieser Weltschau Hildegards widerspricht nichts tiefer als der zeitgenössische Dualismus der Katharer, die Gott und Welt – wie zuvor schon Seele und Leib – als unvereinbar auseinanderreißen und die Welt als widergöttlich und verdorben preisgeben, nicht mehr bereit, auch nur ein einziges weiteres Kind in diese Welt zu setzen, nicht mehr bereit, zu zeugen und zu gebären. Hildegard hingegen, obgleich Nonne und Äbtissin eines Benediktinerinnen-Konvents, bejaht mit der Schöpfung auch Sexualität, Zeugung und Geburt und sieht die Menschheit samt dem Kosmos in einem großen Prozess des Werdens, der spirituellen und substantiellen Weiterentwicklung, der alle Glieder »seines schönen Leibes«, des Leibes Gottes also, umfasst. In einigen ihrer großartigsten und neuartigsten visionären Bilder schaut sie das Universum als einen einzigen gewaltigen Organismus, als den »Leib Gottes«, im Rahmen der christlichen Lehre eine kühne Vorstellung![45]

Hildegard kennt Gottes Liebesfeuer als kosmische Kraft, aber sie kennt auch Gottes »Dunkelfeuer«[46]. Das dem menschlichen Erleben und der menschlichen Perspektive Dunkle fällt nach Hildegard nicht aus Gottes allumfassenden Energiefeld heraus, kann nicht herausfallen, da es von einem größeren Kraftfeld umspannt und getragen ist. Dieser kosmischen Verbundenheit aller Kräfte entspricht nach Hildegards Schau auch die Stellung des Menschen im Universum: Alle Kräfte in ihm und um ihn herum, auch die zunächst widerständigen und widerstrebenden, rufen ihn zur verantwortlichen Verbindung mit ihnen auf.

Ein weiteres noch: In Hildegards Spiritualität spielt »Schönheit« eine große Rolle. Sie unterscheidet sich von solchen Formen der Spiritualität, die sich mit dem Entstellten, dem Leiden, dem Hässlichen identifizieren und davon faszinieren lassen, wie es so manche spirituelle Strömung der späten Gotik tut mit ihren extrem entstellenden Darstellungen des leidenden und gekreuzigten Christus (auf den Passionswegen und in den Kruzifixen).

Für Hildegard und ihre Spiritualität dagegen ist Schönheit eine Erscheinungsweise und Offenbarungsweise des Göttlichen. So spricht denn Frau Weisheit, die Sophia, in einer von Hildegards Visionen über sich selbst: »Ich werde mich in schöner Gestalt zeigen, glänzend wie Silber; denn die Gottheit, die ohne Anbeginn ist, strahlt in großer Herrlichkeit«.[47]

Hildegards Kosmosschrift, das Spätwerk der Siebzigjährigen, beginnt mit folgender Vision: »Und ich schaute ... inmitten der südlichen Lüfte ein wunderschönes Bild. Es hatte die Gestalt eines Menschen. Sein Antlitz war von solcher Schönheit und Klarheit, dass ich leichter in die Sonne hätte blicken können als in dieses Gesicht«.[48]

Aber auch die durch den Menschen gestörte Schöpfung soll nach Hildegard zuletzt wieder in ihre volle Schönheit gelangen: »Wenn dies alles geschehen ist, dann werden die Elemente in höchster Herrlichkeit und Schönheit aufleuchten. Alle Hüllen der Schwärze und des Schmutzes sind von ihnen genommen«.[49] Es dürfte sich gewiss auch um eine weibliche Komponente in Hildegards Spiritualität handeln, wenn sie es unentbehrlich findet, auch die schöne Kleidung und den edlen Schmuck ihrer visionären Gestalten immer wieder genau zu beschreiben. Kleidung ist für sie nicht etwas Äußerliches, sondern Ausdruck der Seele, der inneren Ausstrahlung und deren Gestaltung. So vermutet sie, dass selbst die Verstorbenen sich manchmal zurücksehnen nach ihrem Sein im Körper, nach »ihrem geliebten Kleid«. Das sagt diese Frau in die Jenseitssehnsucht des Mittelalters hinein!

So schaut und schildert sie selbst die göttlichen Gestalten, die ihr erscheinen, vom Kopf bis zu den Füßen in all ihrer Schönheit:

»Ihr Gesicht leuchtete wie die Sonne, ihre Kleider glänzten wie Purpur; um den Hals trug sie ein goldenes Band, mit köstlichen Edelsteinen geschmückt. Sie hatte Schuhe an, die Blitzesleuchten ausstrahlten«.[50]

Kein Wunder, dass Hildegard bei dieser Einstellung zur Schönheit auch ihre Mitschwestern an den hohen christlichen Festen nicht in Sack und Asche sehen wollte: Sie gingen geschmückt zum Gottesdienst, mit offenem Haar, bekränzt und in farbigen Schleiern. Eine Idee Hildegards, die ihr von einer etwas säuerlichen Nachbaräbtissin im noch erhaltenen Briefwechsel[51] stark angekreidet wurde. Hildegard aber fand, dass die Bräute Christi bei der Begegnung mit ihrem Bräutigam nicht in Sack und Asche gehen könnten.

Hildegards Spiritualität ist nicht autistisch und nicht narzisstisch, ist nicht Selbstgenuss wie bei mancher späteren Mystikerin, sondern immer bezogen. Ihre Spiritualität hat eine therapeutische Komponente. Ihr spirituelles Wissen ist engstens mit einem Heilungswissen verbunden, das sie dem leidenden Menschen zuwendet. Ein bedeutender Teil ihrer Schriften ist therapeutischen Themen gewidmet. Ihr bedeutendstes therapeutisches Thema aber scheint mir das von der göttlichen Grünkraft, der *nobilissima viriditas* zu sein, die alles durchwirkt und alles verbindet, wie sich in der Farbenergie des Grün bereits die Lichtkraft des Himmels, das Goldgelb der Sonne, mit der Tiefe des Irdischen, dem Blau des Wassers, verbindet. Heilung besteht bei Hildegard im Wiederanschluss des abgesonderten Menschen an seine göttliche Quelle, das Grün. So gelang ihr, wie schon beschrieben, die Heilung einer psychotischen Frau im Ostergottesdienst, wo diese Frau mit dem Osterwasser und dem Osterfeuer in Berührung kam und dazu in eine lebendige, mittragende Gemeinschaft, ihre Schwesternschaft, eingebettet war. Dies ist ein Vorgang, der auch nach heutigen therapeutischen Erkenntnissen der Heilung einer Psychotikerin zuträglich gewesen sein kann.[52]

Das Therapeutikum ist für Hildegard der Wiederanschluss des Menschen an eine Menschengemeinschaft mit ihrer Kommunikationskraft. Das Therapeutische besteht in der Wiederverbindung eines jeden, einer jeden mit seiner eigenen Spiritualität und damit der Ermöglichung transpersonaler Erfahrung, dem Zugang zur Quelle der Grünkraft.

Der diesen Quellen geöffnete und hingegebene Mensch findet zugleich Anschluss an die für Hildegard im Bild einer *»mater medicinae«* erscheinende *»virgo viridissima«*, der allergrünsten Jungfrau Maria.

Hildegards Spiritualität enthält Eros, entspringt letztlich ihrer Erfahrung mit dem göttlichen Liebesfeuer, das alles durchwaltet:

»Von der Tiefe
bis hoch zu den Sternen
durchflutet Liebe das All«,

so dichtet und singt sie in einer ihrer Hymnen.[53]

Ihr spiritueller Eros erschöpft sich nicht in einer persönlichen Liebesmystik mit Jesus, wie es in der späteren Frauenmystik des Mittelalters oft der Fall war und wie es oft als ein Charakteristikum von Frauenmystik überhaupt gesehen wurde. Hildegards Mystik und ihr spiritueller

Eros umfasst in einer überpersönlichen Weise die ganze Schöpfung, von der Heilpflanze bis zum Tier, vom Mitmenschen bis zu den Mitgestirnen. Ihr Eros geht nicht einfach nur zu Gott, zum Göttlichen hin, sondern sie liebt gemeinsam mit Gott, liebt die Schöpfung, geht wie Gottes Liebe zur Schöpfung und zum Geschöpf zurück.

Deshalb umfasst Hildegards Spiritualität auch die Gesellschaft und die Politik.

Hildegard nimmt, unter Rückbezug auf ihre Schau, auch Einfluss auf kirchenpolitische und staatspolitische Vorgänge ihrer Zeit, zum Beispiel während des gewissensverwirrenden Investiturstreits, bei dem Kaiser Friedrich Barbarossa im Machtkampf mit dem Papsttum mehrere Gegenpäpste einsetzt: In mehreren Briefen und vermutlich auch persönlichen Treffen redet sie ihm ins Gewissen.[54] Sie nimmt in öffentlichen Reden Stellung zu kirchenpolitischen Missständen und ficht noch gegen Ende ihres Lebens unter Inkaufnahme großer persönlicher Nachteile eine kirchenrechtliche Streitsache[55] durch, damit ein ehedem unter Kirchenbann stehender, aber in der Sterbestunde nach der Beichte losgesprochener Sünder in geweihter Erden ruhen dürfe, was immer er zuvor getan habe. Wie immer man heute zu ihren kirchenpolitischen Entscheidungen von damals im einzelnen stehen mag, charakteristisch für Hildegards weibliche Spiritualität scheint es gewesen zu sein, dass sie die Einmischung in politische Vorgänge nicht aus-, sondern einschloss, als Mitwirkung an der Entwicklung von Gottes Welt.

Im Alterswerk, dem *liber divinorum operum*, dem Buch der göttlichen Werke, entfaltet sich ihre weibliche Spiritualität auf besonders anschauliche Weise, wenn wir das weibliche Prinzip ihrer Spiritualität in dem Verbundenheitsprinzip, in dem Prinzip kosmischer Nachbarschaft alles Lebendigen sehen. Hildegards lebenslange Erfahrung mit Schwesterlichkeit innerhalb einer Frauengemeinschaft mag dem einen empirischen Hintergrund gegeben haben. In der Rückbindung der unverheirateten, jungfräulichen Frau, der »Gottesbraut«, an Gott, wie es die Nonne verkörpert, lag für sie – für die auch Geschlechtlichkeit und Ehe einen hohen Stellenwert hatte – doch auch ein grundsätzliches Befreiungsprinzip für die Frau, ein Modell gleichsam auch für die Verheiratete, dass nämlich die Frau ihre Identität nicht letztlich als eine vom Mann und dessen Zuwendung abgeleitete verstehen müsse, sondern dass sie eine eigene, quasi gottunmittelbare Identität habe, als freie Frau. Darin liegt eine wichtige Komponente von Hildegards weiblicher Spiritualität, eine emanzipatorische Komponente.

Hildegards Kosmosschrift schenkt uns zugleich ein wunderbares weibliches Bild des Göttlichen wieder, das zwar seit den späten Schriften des Alten Testaments, der Hebräischen Bibel, bekannt (Sprüche 8, 22–31; Weisheit Salomos 7; Jesus Sirach 24), aber in der westlichen Christenheit, anders als in der östlichen bis dahin wenig beachtet und konkretisiert worden war: das Bild der Sophia, der Weisheit.

In Hildegards letzter Vision, die sie in ihrer Kosmosschrift schildert, erscheint Sophia, wie schon beschrieben, als die alles erfüllende Mitte des Weltenkreises, eine wunderschöne Frauengestalt, angetan mit einem purpurnen Seidenmantel, über weißem Seidenkleid getragen (in der vorletzten Vision und auch in der Buchmalerei zur letzten erscheint dieser Mantel in Grün, Hildegards edelster und heilsamster Farbe). Das Purpur ist die symbolische Farbe für den tiefsten Liebesklang, und es entspricht Hildegards letzter Schau, in der die göttliche Weisheit und die göttliche Liebe eins sind. Weisheit ist für Hildegard die weibliche Kraft, die die Schöpfung in Liebe zusammenhält, die das liebevolle Zusammenwirken aller in allem begründet. Sophia, Weisheit, ist für Hildegard die Partnerin Gottes, seine Shakti, wie man in Indien sagen würde, seine Entsprechung also, seine Geliebte. Die zugehörige Buchmalerei, vielleicht von einer Frau gemalt, zeigt Sophia mit lauschendem Ohr und weit geöffneten Augen, wie sie sich aus der Mitte des Universums dem Betrachter zuwendet: zwei unbeschriebene Tafeln in der Hand, wie ein neuer weiblicher Moses, der wohl ein neues ungeschriebenes Lebensgesetz verkündet.[56]

Wenn diese Gestalt in der Christenheit damals Fuß gefasst hätte und in unserer Spiritualität heute Fuß fassen könnte, so hätte dies, wie ich meine, weitreichende Konsequenzen für unser Weltbild, unser Frauenbild und nicht zuletzt für unser Gottesbild.

Der Schlussvers einer Hymne Hildegards, einer Anrufung der heilenden Kraft des Geistes, kann zuletzt noch einmal verdeutlichen, aus welchem Geist sie schaut und lehrt:

»Du auch führest den Geist,
der deine Lehre trinkt,
ins Weite.
Wehest Weisheit in ihn,
und mit der Weisheit die Freude.«[57]

Zweites Kapitel

Mystik der Liebe zum »Fern-Nahen«

Marguerite Porète (1255–1310)

Der »hinreißend Fern-Nahe«, französisch *»le ravissant loin-près«*, ist einer der schönsten Namen, den die Lyrik der Troubadoure dem Geliebten, der Geliebten gegeben hat. Ähnlich ist der Name, den die analytische Psychologie C. G. Jungs dem Animus-Archetyp des innerlich Geliebten gibt,[1] der die Seele zu ihrem innersten Selbst, ja zu Gott führen kann. Dort spricht man auch von dem »faszinierend geheimnisvollen Fremden«. Der »hinreißend Fern-Nahe«[2] ist das Gegenüber der Frau, die einen Jahrhunderte lang anonym überlieferten Text, ein Lehrbuch für Mystiker und Mystikerinnen gegen Ende des dreizehnten Jahrhunderts geschrieben hat: den »Spiegel der einfachen Seelen«[3]. *»Le loin-près«*[4], der Fern-Nahe, ist ein Name für Gott., den man, ehe Marguerite Porète ihn aussprach, noch nie gehört hatte und den auch wir nun vielleicht zum ersten Mal hören. Ich horchte auf, als ich ihn vernahm.

Die Frau, die diesen Text geschrieben hat, ist eine Begine aus dem Hennegau im Nordosten Frankreichs, Marguerite Porète.[5] Sie schrieb nicht in Latein, sondern schrieb wie alle Beginen in der Volkssprache und zwar in einem mittelalterlichen Französisch, so wie es damals gesprochen wurde. In der Volkssprache zu schreiben war für die damalige Zeit ungewohnt.

Sie lebte von 1255 bis 1310, ist demnach 55 Jahre alt geworden, ehe sie einen Tod starb, von dem noch die Rede sein wird. »Der Spiegel der einfachen Seelen«, wie sie ihr

Buch nennt, richtet sich an jene, wie der Wortlaut des Titels schon sagt, »die einzig im Wollen und Verlangen der Liebe verweilen«.[6]

Es ist ein »Spiegel«, der den Weg der Seele in die Liebe hinein reflektiert, den Aufstieg aus dem »Tal der Demut« (ein Tal ist sie also) über die »Ebene der Wahrheit« (die sie als Ebene versteht) bis empor auf den »Berg der Liebe«, was die Vereinigung mit Gott, eine Liebeshingabe bedeutet.[7] Dies wäre eine Gipfelerfahrung, eine top-experience, wie man es heute nennt. Marguerite Porète schreibt:

»Jetzt möchte ich euch weiter sagen, wer das ist, der auf dem Berge wohnt über den Winden und über den Regengüssen. Das sind jene, die auf Erden weder Schmach noch Ehre noch Furcht kennen, was auch immer ihnen zustößt. ›Solche Leute‹, spricht die Liebe, ›befinden sich in Sicherheit, und ihre Türen stehen offen.‹«[8]

Solche Menschen, von denen sie hier spricht, kennen keine Angst, brauchen keine Verriegelung und keinen Schutz, denn sie sind innerlich geborgen. Von solchen Menschen spricht das Buch. Spiegel, *»miroir«*, bedeutet hier nicht nur Wiederspiegelung und Reflexion eines Lebens in Liebe, sondern ist zugleich auch eine Anleitung zur Liebe, was für Marguerite Porète ein Einfachwerden, ein Freiwerden bedeutet, ein Freisein von allem Anhaften an Besitz, Geltung und Macht. Damit wird es brisant, denn es geht um die Liebe zu Gott und das hieße dann auch: Freiwerden von allem Bescheidwissen über Gott, von allem Gott-besitzen-Wollen. Und mit dem Folgenden wird es noch brisanter, jedenfalls für einen Menschen der damaligen Zeit: Dieses Freiwerden heißt nämlich auch Befreiung vom Unterworfensein unter die Tugenden, die Moral, die guten Werke, die in der mittelalterlichen Frömmigkeit eine große Rolle spielen.[9] Die einzige Lebensgewissheit wird hier in der Liebe gefunden, die alles hinter sich lässt.

Dorothee Sölle, die Marguerite Porète auch für protestantische Leser wiederentdeckt hat, schreibt in ihrem Mystik-Buch über Marguerites »Spiegel der einfachen Seelen«: »Das Buch verbindet Erotik und eine Art von fröhlichem Nihilismus um Gottes willen in einzigartiger Weise«.[10] Fröhlicher Nihilismus um Gottes willen: Auch mich fasziniert dieser Ausdruck, weil ich tief davon überzeugt bin, dass das Wissenwollen und gar das zuviel Wissenwollen über Gott einer echten Begegnung mit Göttlichen im Wege steht, mehr als alles andere. »Wie aufmerksam war diese Frau, die Liebe zu empfangen, die verbrennt ihr eigenes Herz und das all derer, die ihr zuhörten«[11], so schrieb um Jahrhunderte später Margarete De Navarra, die Schwester des französischen Königs, über die zu der Zeit noch unbekannte Verfasserin. Weshalb sie so lange Zeit unbekannt blieb, werde ich noch berichten. Auch heute wissen wir noch nicht viel über die Verfasserin des »Spiegel der einfachen Seelen«. Einiges ist allerdings über den Prozess bekannt[12], den man ihr wegen des Buches gemacht hat – dazu später.

Marguerite Porète war Begine, lebte vermutlich in der nordfranzösischen Stadt Valencienne. Dort ist schon früh eine Beginen-Gemeinschaft[13] bezeugt, genauer sind es einige Beginengruppen, die teils zu mehreren, teils zu zweit lebten. Marguerite war eine der Frauen, die im Sinne einer spirituellen Erneuerung auf der Suche waren, nach einfachen, nicht institutionalisierten, charismatischen Lebensformen. Materiell ungesichert lebten sie von ihrer Hände Arbeit in möglichster Nähe zum Evangelium. Marguerite Porète hat vielleicht sogar einer Beginen-Gemeinschaft vorgestanden, wie man aus einigen Anmerkungen aus ihrem Buch erschließen kann. Ohne Gelübde und Ordensbindung, deshalb auch ohne kirchlichen Schutz, hielten sich diese Frauen freiwillig an die sogenannten »evangelischen Räte«: Armut, Keuschheit und Gehorsam. Sie bauten eigene Lebensgemeinschaften auf, die sie auch in eigenen Wohnformen, den Beginenhöfen ausdrückten. Sie betrieben verschiedene Handwerke wie Weben, gelegentlich sogar Bierbrauen, und widmeten sich der Erziehung, der Pflege von Kranken und der Begleitung der Sterbenden und Trauernden.

Louise Gnädinger, die Übersetzerin dieses revolutionären Textes, schreibt: »Die häufige Vehemenz und Hochgemutheit dieser frommen Frauen brach sich oft Bahn im schriftlich festgehaltenen Bekenntnis. Damit ihnen in ihrem Erleben das Herz nicht zerspringe!«[14] Dies gilt vor allem auch für die bekanntesten unter den Beginen, Hadewich und Mechthild von Magdeburg. Unmittelbarkeit zu Gott ist ihre Losung, von der sie mitreißend zu sprechen wissen. So strömen ihnen viele Frauen zu. Möglicherweise ist Marguerite Porète sogar adeliger Herkunft, dafür spricht in manchem ihre Wortwahl und die Hochschätzung der adeligen Kultur, zumindest entstammt sie dem aufstrebenden Bürgertum, denn ihre Bildung ist hoch. Sie war vertraut mit der zeitgenössischen Literatur der Troubadoure, aber auch mit derjenigen der großen Theologen wie Dionysius Areopagita, Augustin und vielen anderen. Hatte sie wie manche adelige Frauen einen Hauslehrer gehabt? War sie durch die Beginen-Gemeinschaft, der selbst auch hochgebildete Frauen angehörten, geschult worden? Hatte sie eine Zeit lang eine Klosterschule besucht? Wir wissen es nicht. Wir spüren nur an ihren Texten, die sie zitiert, in Freiheit und mit großem Kenntnisreichtum, dass sie sich hier auskennt. Dabei beherrscht sie auch die Argumentationsweise der scholastischen Theologie so gut, dass man nur staunen kann.

Ihr Buch, der *»miroir«*, der »Spiegel«, ist sehr kunstvoll

und originell aufgebaut, als Gespräch zwischen verschiedenen Stimmen.[15] Es ist ein Buch, das aus Dialogen besteht, ist ein Lesedrama. Daraus hat man auch schon gemutmaßt, dass sie es selbst oder in Gemeinschaft mit anderen Beginen vorgetragen habe. Es ist auch möglich, dass sie diese Stilform wegen ihrer Lebendigkeit und der Möglichkeit, sie zu Disputen zu nutzen, bevorzugt. Die Leser werden direkt angeredet, zum Beispiel: »Ihr, die ihr dieses Buch hört ...«. Diese Anrede könnte den Schluss nahe legen, dass Zuhörer anwesend waren, dass nicht nur gelesen, sondern auch vorgetragen und gehört wurde. Auch wird der Rezipient, wie schon gesagt, wie in einem Drama direkt angesprochen. Es treten folgende Personifikationen darstellend auf: Da ist vor allem die Stimme der Seele, dazu deren Gegenspielerin, die oft die Nase rümpft und sich verwundert, nämlich die Vernunft, die Ratio, *raison,* die im Verlauf des Gesprächs manchmal als einäugig empfunden und bezeichnet wird, gelegentlich sogar als »Esel«. Es wird deutlich, dass diese Frau kritisch gegenüber der bloßen Ratio ist, aber den Geist, den wirklichen Geist umso höher schätzt. Geist ist für sie etwas anderes als die blanke Ratio. Wie hoch Marguerite Porète den Geist schätzt, lässt sich an ihrer hohen Bildung ablesen. Lehrerin und Meisterin jedoch ist in diesem Stück die Stimme der *fou amour,* der verrückten, der wahnsinnigen Liebe. Diese verrückte Liebe spricht dann auch immer wieder selber zur Seele, zur Vernunft und zu einer Reihe von Nebengestalten. Auch die Stimme der Kirche kommt vor, neben verschiedenen anderen. Der *»miroir«* ist ein Text, aus dem man nicht einzelne Stimmen herauslösen darf, denn er besteht ja eben aus einem Disput, einer Auseinandersetzung, in der die einzelnen Stimmen pointiert gegeneinanderstehen. Es darf hier keine Stimme aus dem Zusammenhang herausgerissen werden, wenn es nicht zu Missverständnissen kommen soll. Eben dies ist aber später durch die Inquisition geschehen. Das wäre, wie wenn man Goethe für das angeklagt hätte, was Mephisto in dessen »Faust-Drama« sagt. Was in der Anklage geschah, zeigt völlige Unkenntnis einer literarischen Form wie dieser. Es ist andererseits aber doch auch eine Kühnheit, dass Marguerite Porète ihre Gedanken in einer solchen Form vortrug. In vielen Textpassagen rührt ein unvergleichlicher Ton innerer Freiheit an:

»›Diese Seele‹, spricht die Liebe, ›achtet weder auf Schmach noch auf Ehre, weder auf Armut noch auf Reichtum, weder auf Wohlbehagen noch auf Missbehagen, weder auf Liebe noch auf Hass, weder auf die Hölle noch auf das Paradies.‹[16]

Da fährt die Vernunft dazwischen: ›Herrje, um Gottes willen, Liebe, was soll das heißen, was ihr da sagt?‹

›Was das heißen soll?‹, spricht die Liebe, ›Gewiss, das versteht nur diejenige und keine andere als die, der Gott das Verständnis gegeben hat. Und eine solche Seele, die ein Nichts geworden ist, hat dann alles und doch nichts. Will alles und will nichts. Weiß alles und weiß nichts.‹«

Man muss empfindsam sein für das Paradox der Liebe, gar der Gottesliebe, um zu verstehen oder es auch nur zu ahnen, was sie meint, zum Beispiel:

»›Aber wie kann das sein, Frau Liebe‹, spricht die Vernunft, ›dass diese Seele zu wollen vermag, wo sie doch eben sagte, sie habe keinerlei Willen mehr.‹

›Ach Vernunft‹, spricht die Liebe, ›es ist keineswegs ihr Wille, der es will, vielmehr ist es der Wille Gottes, der es in ihr will. Denn es ist nicht diese Seele, die in der Liebe ver-

bliebe, welche ihr irgendein Verlangen, dies zu wollen, eingeben könnte. Es ist vielmehr die Liebe selbst ...‹«[17]

Es ist die Liebe selbst, die in ihr liebt. Anders wäre es ihr nicht möglich, in dieser Weise zu lieben. So und nicht anders argumentiert Marguerite Porète.

Man könnte auch Augustinus zitieren: »Unsere Sehnsucht nach Gott sei zugleich Gottes Sehnsucht nach uns.« Porètes Denken steht in diesem augustinischen Zusammenhang und ist doch wiederum sehr weiblich und eigengeprägt und hat die Liebe Gottes neu auszudrücken vermocht. Diese Liebe aber ist es, die sie gedrängt hat, dieses eine Buch zu schreiben. Marguerite Porète beruft sich im Unterschied zu Hildegard von Bingen weder auf Visionen noch auf Auditionen. Sie beruft sich einzig und allein auf die Liebe, die in ihr wirkt und aus ihr ausstrahlt. Auch die für die Frauen-Mystik sonst so typischen Hinweise auf weibliche Schwäche und Bescheidenheit fehlen. Marguerite Porète verzichtet auf solche Schutzmechanismen, verzichtet damit auch auf falsche Bescheidenheit und auf falsche Scham. Es kann gerade mit der Klarheit, der Transparenz ihres Stils und ihrer Ausdrucksweise zusammenhängen, so vermerkt auch Dorothee Sölle, dass sie den Kirchenbehörden auffiel und mit den Brüdern und Schwestern vom Freien Geist in Verbindung gebracht wurde, die damals der Kirche bereits ein Dorn im Auge waren. Auch sie waren eine freie Gemeinschaft durchaus ernsthafter Christen, die aber der Kirche gegenüber große Vorbehalte hatten und die von der Kirche damals schon als Ketzer angesehen wurden. So wird das Buch »Der Spiegel der einfachen Seelen«, das etwa um 1300 entstanden ist, zwischen diesem Jahr und 1306 als der Freigeisterei verdächtig verboten und schließlich in Valenciennes in Gegenwart der Autorin verbrannt. Das Buch zu besitzen oder seine Lehre zu vertreten, war fortan kirchlicherseits ein Grund zur Exkommunikation. Umso schneller verbreitete es sich. Anonym, aber damals schon in vier Volkssprachen, auch in Latein, hat es einen Siegeszug durch Europa angetreten wie kein anderer früher mystischer volkssprachlicher Text. Über die Gemeinschaften der Beginen und Begarden (das waren Männer, die in ähnlich freien Gemeinschaften lebten wie die Beginen), nicht zuletzt aber durch die Klöster der Dominikanerinnen und der Karthäuser breitete sich der Text und dessen Gedankengut über ganz Europa aus.

Dazu kam, dass Anonymität und falsche Zuschreibung an einen männlichen Autor, nämlich an den bekannten Mystiker Jan Van Ruysbroek, dafür sorgten, dass das Buch auch über Jahrhunderte hin weiter verbreitet werden konnte. Jan Van Ruysbroek hatte sich – in dem Fall kann man einmal sagen, glücklicherweise – in Widerspruch zu den Brüdern und Schwestern vom Freien Geist gesetzt, waren diese doch noch revolutionärer als die Beginen, und galt insofern als unverdächtig. Dies sicherte dem Buch das Überleben. Unter Ruysbroeks Namen wurde es unverfälscht und ungekürzt weiterverbreitet. Noch um 1439, also 139 Jahre später, fanden sich 36 konfiszierte Exemplare bei einer päpstlichen Kommission. Das Buch lief wie ein Lauffeuer.

Erst 1946, also um die Mitte des 20. Jahrhunderts, wurde als Verfasserin des *»miroir«* wieder Marguerite Porète nachgewiesen und zwar durch die Nachforschungen einer Wissenschaftlerin, Romana Ganieri, die pikanterweise in dem päpstlichen Publikationsorgan »Osservatore Romanum« eine Chronik vorlegte, in der der folgende Text im Zusammenhang mit dem Namen Marguerite Porètes erschien. Es hieß da, sie habe behauptet, »dass die in der Liebe zu ihrem Schöpfer vernichtete Seele ihrer Natur ohne Skrupel und Gewissensbisse alles erlauben darf und muss, was diese wünscht und verlangt«. Man verfolgte den Weg des Zitats zurück über die Akten des historischen Prozesses gegen Marguerite Porète, verfolgte ihre damaligen Aussagen, welche man dann im »Spiegel der einsamen Seelen« wortgetreu auffand. Also musste sie diejenige gewesen sein, von der der »Spiegel« stammte. Das weiß man erst seit 1946. Gewiss kommt einem dabei auch das berühmt gewordene Wort St. Augustins in Erinnerung, »Liebe und tu, was du willst« – darauf hätte Marguerite Porète sich berufen können! Doch was galt die Begine im Vergleich zu dem berühmten Kirchenlehrer?

Was die äußere Verdächtigung, das Verbot ihres Buches durch die Inquisition betrifft, ahnen wir jetzt vielleicht schon, woran sie sich festmachen konnte. Es sind einige Konfliktfelder, die der kritischen Zensurbehörde besonders ins Auge stachen. Sie betrafen mutatis mutandi die gesamte Beginen- und Begarden-Bewegung. Doch gegen Marguerite Porète wurden diese Gedanken zugespitzt formuliert. Es ging einerseits um die Rolle der Moral, der Tugenden, der guten Werke für das Heil, die Anstößigkeit einer Aussage wie dieser: »die von der Liebe erfüllte und in ihr vernichtete Seele dürfe alles«. Zum anderen ging es, damit zusammenhängend, um die – möglichst unentbehrliche – Rolle der Kirche im Blick auf die Heilsvermittlung und Gotteserfahrung. Die Unmittelbarkeit der Gotteserfahrung war, wie gesagt, die Devise der Beginen. Was bedeutete dies für die Rolle der Kirche? Dazu ist zu sagen, dass die Unmittelbarkeit der Gotteserfahrung bei Marguerite Porète, das Aufgehen ihrer Seele im »*Loin-Près*«, dem »fern-nahen Geliebten«, eigentlich einer Vermittlung der Amtskirche nicht mehr bedarf. In diesem Zusammenhang findet sich bei ihr eine interessante Unterscheidung zwischen der »Sainte Eglise la grande«, der »Heiligen Kirche«, der Großen, der Kirche des Geistes, und der »Sainte

Eglise la petite«, der Kleinen, der empirischen Lehr- und Amtskirche. Die Große Heilige Kirche und die Kleine wurden von ihr unterschieden. Zur Großen gehören für sie alle, die im Geist der Liebe stehen. Zur Kleinen die Vertreter der Amtskirche und der angstbesetzten Inquisition. Deren verständnislose Fragen werden in ihrem Buch eher der Ratio zugeordnet, als dass sie der Liebe oder der Seele zugetraut werden könnten. Immerhin bleibt auch »die Kleine« für Marguerite Porète ein Teil der »Großen« Sainte Eglise, der Heiligen, wenn auch »la petite« für sie die kleinmütige, die kleinliche war. Die Rolle der tugendhaften Taten und Werke, die in der mittelalterlichen Theologie und Moral eine so große Bedeutung haben, wird in Marguerites »Spiegel« ausführlich reflektiert. Der Anteil der Tugenden und der Moral auf dem Weg zu Gott verringert sich nach Marguerite jedoch schrittweise mit dem Aufstieg der Seele zur Liebe und letztlich zu der Liebesvereinigung mit Gott. Da werden solche Vorschriften immer weniger wichtig. Die Seele findet das der Liebe Angemessene selbst. Marguerite Porète hat solche Freiheit aus Liebe auch im Blick auf die strengen Gebote des Fastens, des Gebets und sogar auf die Messfeiern bezogen. Die Freiheit, die wir heute in solchen Dingen haben, ist von Menschen wie Marguerite Porète erlitten und erkämpft.

Die Seele wird mit dem Maß ihrer Liebe immer unabhängiger. Man hört, welche Brisanz darin steckt, auch heute noch. In einer dramatischen Szene bekennt die *»Seele«*, dass sie lange Zeit und manchen Tag im Dienst der Tugenden und der Moral gestanden habe, jetzt aber von der Liebe selbst aus der Knechtschaft befreit worden sei. Dieser Übergang wird dadurch angezeigt, dass in der Mitte des Textes die Rede in ein Gedicht, in einen Gesang übergeht:

»›Ich bekenne euch, Frau Liebe‹, spricht diese Seele, ›es gab eine Zeit, da war es so, doch steht es jetzt damit anders. Euer Adel, Frau Liebe, hat mich aus ihrer Knechtschaft befreit, und deshalb kann ich jetzt zu ihnen sagen und singen: Tugenden, ich nehme Abschied von euch auf immer.‹«[18]

Doch jetzt geht es weiter:

»Mein Herz ist nun ganz unbelastet und recht hochgemut. Der Dienst an euch war zu sehr festgefahren, ich weiß es wohl. Eine Zeitlang hängte ich mein Herz an euch, also an die Tugenden, ohne Vorbehalt. Ihr wisst, dass ich euch ganz gehörte, ich war eure Leibeigene. Nun bin ich daraus befreit. Entkommen bin ich aus eurer Gewalt. In Frieden verbleibe ich nun.«[19]

Wie die vor der Liebe zu Nichts gewordene und zugleich ganz erfüllte Seele, braucht diese Seele die Tugenden nicht mehr, so wie sie auch der Tröstungen der Kirche und der einzelnen Gaben Gottes nicht mehr so sehr bedarf. Wer mit dem Geber selbst in Liebe verbunden ist, braucht sich um die einzelnen Gaben nicht mehr zu sorgen.

Es ist wie in der Liebe unter Menschen. Wer in der Liebe miteinander verbunden ist, der braucht keine Probleme mit Geschenken füreinander zu haben oder braucht sich das nicht mehr in Geld und Gut auszahlen zu lassen, was er für den anderen tut.

An vielen Stellen der mystischen oder biblischen Tradition überhaupt wird dies hervorgehoben: Gott sei nicht um seiner Gaben willen zu lieben, sondern um seiner selbst willen. Damit macht Marguerite Porète ganz ernst. Wie schon die erotische Liebe den Geliebten meint und nicht dessen Gaben, so wie sie immer ein Mehr über all ihre Begründungen hinaus hat, so hat »das Herz seine

Gründe, die die Vernunft nicht kennt« (Pascal). So erst recht diese *»amour fou«*, wie Marguerite Porète sie immer wieder nennt, diese »verrückte Liebe«, die sie auf Gott richtet, auf den fern-nahen Geliebten, den *Loin-Près*. Weil diese Seele ganz auf Gott ausgerichtet ist, kann sie sich nicht mehr um ihre eigenen Ansprüche an Gott kümmern, wie wenn ich, wenn ich in einer Liebe auf einen Menschen ausgerichtet bin, mich nicht mehr um meine Erwartungen an ihn kümmern kann. Meine Liebe will ihn selbst mehr als alle Vorstellungen und Erwartungen an ihn. Das wussten schon die Troubadoure.

Der Zustand der »einfach gewordenen« Seele, die alles allein aus ihrer *»divine amour«* heraus bezieht, wird von Marguerite Porète als *»foi sans œuvre«*[20], als »Glauben ohne Werke« bezeichnet. Hier fällt der Ausdruck, der zum späteren Leitspruch für Luthers Reformation wurde, mehr als 300 Jahre später, zu Beginn des 16. Jahrhunderts. Noch sind wir im 13. Jahrhundert. Es ist hochinteressant, dass Marguerite Porète hier eine Aussage macht, die auf die reformatorische Entdeckung der »Rechtfertigung allein aus Glauben«, ohne »des Gesetzes Werke«, voraus deutet. Nun spricht Marguerite als Frau nicht von »Rechtfertigung«, wenn es um die Beziehung des Menschen zu Gott geht, spricht nicht in juristischen Termini, sondern allein in Beziehungstermini, wie sie der Liebe gerecht werden. Nicht von Rechtfertigung allein aus Glauben, sondern von Angenommensein, von Zugehörigkeit allein aus Liebe spricht sie. Das macht den Menschen recht vor Gott. Überhaupt wäre die Wirkung Marguerite Porètes eine Untersuchung wert. Ihre Wirkung zum Beispiel auf Meister Eckart, der ihr Buch mit Sicherheit kannte, aber auch auf Johannes Tauler, der viele ihrer Gedanken aufnahm und wiederum den jungen Luther inspirierte. Ihr Denken hat Geschichte gemacht, so wie auch sie wichtige

Gedanken von Augustin übernehmen konnte. All diese Bereiche, auch der Einfluss Marguerite Porètes auf die Reformation und die reformatorische Spiritualität sind nicht erforscht. Die reformatorischen Kirchen haben sich im Blick auf die Mystik stark zurückgehalten, obgleich Luther von ihr noch stark berührt war. Im Kirchenlied vor allem scheint mir die Mystik der Reformation ihre Blüte zu haben: Ich nenne nur Schütz und Bach, Tersteegen und Paul Gerhardt.

Die Freiheit jeder Art von religiösem Nützlichkeitsdenken, die Liebe »ohne Warum« (»sunder warumbe«), verbindet Marguerite Porète vielleicht am tiefsten mit Meister Eckart, dem Zeitgenossen, der ihr Buch spätestens kurz nach ihrem Tod kennen lernte, wurde er doch unmittelbar nach ihrem Tod an die Sorbonne berufen. Er war durch die Seelsorge mit Beginenkreisen mit deren Denken vertraut, vor allem aber auch mit dem der Dominikanerinnen. War er doch selbst Dominikaner. Die Dominikanerinnen wiederum schätzten die Beginenfrömmigkeit hoch. Auch die Idee oder vielmehr die Erfahrung einer »Nichtigung der Seele« im Aufgehen in Gott, so wie der Wassertropfen im Meer aufgeht, findet sich auch bei Meister Eckart. Um Nichtigung geht es hier, nicht um Vernichtung, sondern um ein Leerwerden, um von ihm erfüllt werden zu können. Wie der ins Meer einströmende Fluss verliert die in Gott einströmende Seele ihren Eigennamen: Das wiederum ist ein Bild von Marguerite Porète.

Das Nichtswissen und Nichtswollen angesichts des fern-nahen Geliebten, wovon Marguerite Porète immer wieder spricht, steht andererseits in der Tradition der *theologia negativa*, die das auch in der Kirche übliche anmaßend affirmative Reden über Gott einfach nicht länger erträgt[21], völlig unangemessen findet. Die sogenannte *theologia negativa* ist eine Strömung innerhalb der Theologie, die davon ausgeht, dass wir nichts darüber wissen, wer Gott sei. Wir wissen nur mit einiger Sicherheit, was er nicht ist. Und so wird von der Gottesvorstellung all das, was er gewiss nicht ist, weggenommen, Vorstellung für Vorstellung, und gerade dadurch wird das Geheimnis Gottes umkreist, und wird dabei immer größer. *Theologia negativa* ist ein Stoß gegen die Auffassung, wir wüssten, wer Gott sei. Die Ratio kann nach der *theologia negativa* allenfalls erkennen, was Gott nicht ist, während die Seele in ihrer wundersamen Verbindung mit dem Fern-Nahen eben dieses Nichtwissen erfährt, das mehr ist als Wissen. Weiß doch auch menschliche Liebe um den »Geheimnisstand« (Eckart Wiesenhüter) des Geliebten, und sie weiß damit mehr von ihm, als wenn sie meinte, ihn durch und durch zu kennen.

Marguerite Porètes Liebeslehre ist es wert, dass man näher auf sie eingeht. Auch für Marguerite war Gott wie für ihre Beginen-Schwestern Hadewich und Mechthild von Magdeburg »der Bräutigam ihrer Jugend«, die erste Liebe. Ich weiß zu wenig von Marguerites Lebensgeschichte, um sagen zu können, ob da einmal eine Liebe war, die den Pfeil der Sehnsucht hinaustrieb ins Transzendente, an welcher menschlichen Begegnung sie zu lieben gelernt haben mag. So beschreibt sie im »Spiegel« ihre Beziehung zu Gott als ein lebenslanges Liebesabenteuer, das nicht nur zur festen Beziehung wurde, sondern auch immer umfassender von ihr Besitz ergriff und sie gänzlich in sich aufnahm. Freimütig hatte sie alles dafür hingegeben, auch ohne irgendein Warum. Denn sie weiß sich als die Geliebte des »Bräutigams ihrer Jugend«. Er ist die Sonne, die strahlt und erwärmt und die jedes aus seinem Sein gespeistes Lebewesen ernährt. *Diese Seele kennt keine Zurückhaltung, keine Ungewissheit und kein Missbehagen.*

»›Wie das?‹, spricht die Vernunft.
›Durch sicheres Bündnis und wahre Übereinkunft‹, sagt die Seele.«[22]

Also bestehe eine wahre Übereinkunft zwischen ihr und Gott, eine Liebesgemeinschaft. Die Niederschrift dieses Buches setzt ein, so schreibt sie, als sie auf der Höhe ihrer Liebeswahl steht und sich mit dem Fern-Nahen unverbrüchlich verbindet. Die Sprache des *miroir* ist einerseits die, die mit der Liebesdichtung der Troubadoure verwandt ist, die von der »hohen Minne« sprechen, andererseits ist es die Sprache der Johannes- und der Paulus-Briefe des Neuen Testaments, die diese Frau, wie wir aus ihren Zitaten in ihrem Buch ersehen, selbständig übersetzt und ausgelegt hat. Das war damals für Frauen verboten, und die allermeisten der Frauen waren überhaupt nicht dazu fähig. Schließlich beherrscht Marguerite Porète, und das ist wunderlich genug, auch die philosophisch spekulative Sprache der scholastischen Theologie, deren diskursive Methode sie benutzt, um sie zugleich auch ein wenig zu karikieren. Die »*Ratio*« ist hier ausgerechnet diejenige, die sich immer wieder besonders ungeschickt anstellt angesichts der Mystik. Das weist ihr Marguerite Porète im »Spiegel« mehrfach nach. Was die »*Ratio*« nicht begreifen will, das ist das, was die »*Seele*« sagt:

»Das Trachten der reinen Liebe hat nur eine einzige Absicht. Die ist, beständig aufrichtig zu lieben, ohne dabei irgendwelchen Lohn zu begehren. Und dies kann die Seele nur verwirklichen, wenn sie frei von sich selbst ist. Aufrichtige Liebe würde keinerlei Tröstungen annehmen, die ihr durch Verdienste zukämen. Ganz sicher nicht.«[23]

An dieser Stelle ist es für uns Leserinnen fast unmöglich, nicht auch ins eigene Leben hineinzufühlen, danach zu fragen, ob es nicht auch hier eine fern-nahe Liebe gegeben habe, was aus ihr geworden ist und womit sie uns vielleicht beschenkt hat. In Marguerites »Spiegel« ist ja nicht nur eine revolutionäre Gottesliebe angesprochen, sondern diese fordert uns ja auch gewaltig heraus im Blick auf die Liebe zwischen Menschen. Es ist die Frage, ob man in dieser restlosen Hingegebenheit unter Menschen überhaupt leben kann und leben darf. Die Frage wird von Marguerite in einer Kühnheit aufgeworfen, die fast uneinholbar ist. Die Liebe zu dem Fern-Nahen verlangt nach keiner Rechtfertigung oder Begründung. Analog zur hohen Minne der Troubadoure begründet sie sich selbst und genügt sich selbst. Und kennt kein Warum, sie liebt, weil sie liebt. Gewissermaßen ist sie maßlos. Denn nur die Liebe selbst ist ihr Maß. Eine solche Liebe ist nach Marguerite Porète allein dadurch für die Menschenseele möglich, dass der Fern-Nahe selbst sie aus ihr herausgeliebt hat und diese Sehnsucht in ihr geweckt hat, eine Liebe ohne Warum und Maß, die hinreißend, *»ravissante«*, die genug ist, die Seele vollständig zu erfüllen, die sich über ihr, in ihr verliert. Ich denke, dass, wer je Liebe erlebt hat, versteht, dass Marguerite die Sprache der Liebe in ihrem ganzen Paradox spricht. Liebe erfüllt sich, indem ich mich an sie verliere. Ich verliere mich, indem ich sie finde. Und indem ich mich an sie verliere, finde ich mich. So paradox ist es, wann immer wir lieben.

Nach einer bildhaften Beschreibung im *miroir* ereignet sich die Liebesgeschichte zwischen der Seele und dem Fern-Nahen in einem Feuer, das alles das verbrennt, was trennend zwischen den Liebenden stehen könnte. Das ist ein Bild, das Marguerite Porète gerne gebraucht: Wie Feuer, das das Eisen aufglühen und in der Glut umzuformen vermag, so ist die Liebe. Aufglühend sind Feuer und Eisen ungetrennt. So verschmelzen Gott und die Seele in der Glut. Aufgrund der biblischen Aussage: »Gott ist die Liebe« (1 Joh 16) verbindet Marguerite Porète ihre Liebes-Lehre mit einer Seins-Lehre. Dabei denkt sie dies: Die Menschenseele, die in ihrem Status als Geschöpf ihr Sein nur in der Teilhabe am Sein Gottes hat, aber eben auch wirklich als Teilhaberin am Sein Gottes, verlangt nach diesem ihrem Ursprung zurück. Die *unio mystica*, die Liebesvereinigung mit ihrem Schöpfer, vollzieht sich im Ursprung, im ungeteilten Sein, wo die Seele wieder das wird, was sie war, ehe sie geschaffen wurde – und zugleich das wird, wozu sie geschaffen ist. Zugleich scheut sich Marguerite Porète doch vor der Aussage, die Seele löse sich im Sein Gottes auf, ginge in ihm auf, so dass man sagen könnte, ich bin Gott. Im Raum des Hinduismus wird diese Aussage gewagt. Doch Marguerite Porète kehrt immer wieder zur christlichen Sprache der Braut-Mystik zurück und lässt nicht das Ich, nur das größere Selbst, nur die Liebe selbst die Worte sagen:

»›Ich bin Gott‹, spricht die Liebe. ›Denn die Liebe ist Gott. Gott ist die Liebe.‹«[24]

Und diese Seele ist Gott durch Liebesübereinkunft.[25] Marguerite Porète setzt die Seele und Gott nicht ununterschieden identisch. So wie Liebende durch die Liebe immer verbunden sind, so hat sie durch die Liebe teil an Gott. Sie lässt die Liebes- und Seinslehre ineinander gleiten. Auch die Christus-Nachfolge Marguerite Porètes – letztlich ist der »Loin-Près« ein Bild von Christus – besteht weniger, als in der damaligen Frömmigkeit üblich, in einer Imitation Christi oder in der Nachfolge, als vielmehr im Nachvollzug seiner Liebesverbundenheit mit Gott. Der fern-nahe Geliebte ist, wie gesagt, letztlich Christus, mit dem sie in die Herrlichkeit des Ursprungs einzukehren sucht, von der er bei Johannes in den Abschiedsreden spricht. Das geschieht schon in diesem Leben, hier und jetzt: »Wer Gott schaut, ist im Paradies«, so kann sie sagen.

Zwar arbeitet auch sie mit der Wegvorstellung, dem Tal der Demut, der Ebene der Wahrheit, dem Berg der Liebe, wie wir anfangs hörten. Auch die für die Beginen-Mystik charakteristische Phase des einander Suchens, Umherirrens und Verirrens kommt bei ihr vor, als Vorstellungen aus dem Hohen Lied. Die Abschnitte sind mehr Stadien als Stufen. Es ist kein systematischer Weg, denn Systematik ist keine Sache der Liebe. Deren Weg ist weit entfernt von einer Erfolgsleiter. Der systematische Weg wäre noch eigenmächtiges Werken für sie, auf dem man dann stolz sein könnte, auf der einen oder anderen Stufe angekommen zu sein. Solche Methodik liegt Marguerite Porète überhaupt nicht. Der Weg führt vielmehr durch wüstenartiges, teilweise schwieriges Gelände, in dem sie Hunger und Durst, aber auch ekstatische Trunkenheit erfährt, denn der Fern-Nahe kann ihr plötzlich ganz nahe sein. In dem, dass er ihr dann wieder ferne erscheint, erlebt sie den Durst. Das aber macht Liebe intensiv, dass ich nach dem Geliebten intensiv dürsten kann. In einem Kapitel des *miroir* spricht Marguerite Porète auch von der Trunkenheit, die in das »Land des Lebens« führt. Der topographische Ort für Gott ist für sie das Land des Lebens. In liebender Nacktheit gleichsam geschieht es, dass die Menschenseele die reine Liebe im reinen Sein zu verwirklichen vermag. Die nackte Liebe in der transformierenden Verbindung mit Gott bedarf keiner Vermittlung. Vor diesem ihrer Gedanken setzt die Verdächtigung durch bestimmte Stellen der Kirche ein: »Ohne Vermittelndes«, das klingt unerhört! Wie sollte die Kleine Heilige Kirche, die kleinliche, verstehen, was die in der Liebe verbrennende Seele über sich und damit über sie aussagt?

»... Denn ganz so wie das Eisen vom Feuer umkleidet ist und sein eigenes Aussehen verloren hat, weil das Feuer, das dieses in sich verwandelt, stärker ist, so wird diese Seele mit

dem Fluss überkleidet, gespeist und verwandelt in ein Meer. Diese Seele liegt in der lieblichen Gegend des Überfriedens. Darum gibt es nichts, das denen, die lieben, beistehen oder sie kränken könnte; weder ein Geschöpf, noch eine verliehene Gabe, noch etwas sonst, das Gott versprochen hat.

›Aber wie denn?‹, widerspricht die Vernunft.«[26]

Und Marguerite Porète lässt ihre Gestalt der Liebe mit folgenden Worten antworten, die zu den Anklagepunkten des Chef-Inquisitors in Paris gehören werden. Sie antwortet:

»Das, was noch nie jemals gegeben wurde, auch nicht gegeben ist und nie je gegeben wird, dieses hat mich von allem entblößt und zunichte gemacht, ohne dass ich mich um irgendein Ding, das ist, kümmern muss. Diese Seele begehrt somit keinerlei Hilfe oder Schonung, weder von seiner Macht noch von seiner Weisheit noch von seiner Güte.«[27]

Das sind unerhörte Paradoxe! Diese kühne Frau hat gelebt, was sie sagte. Sie musste mit ansehen, wie ihr Buch »Der Spiegel der einfachen Seelen« von der kirchlichen Zensur verboten und in ihrer Gegenwart öffentlich verbrannt wurde. Und dennoch! Man fragt sich, was war das für eine Zeit, in der weite Kreise für derart subtile Gedanken und ein solch hinreißendes spirituelles Liebesfeuer offen waren – trotz der Gefahr der kirchlichen Inquisition! Sainte Eglise la grande, die Große geistige Kirche war offen dafür, weit geöffnet. Sainte Eglise la petite dagegen ertrug solche entgrenzte und entgrenzende spirituelle Liebe, die alle kirchliche Vermittlung relativierte, nicht.

Der Grund dafür, dass Marguerite Porète von neuem angeklagt wurde, ist vermutlich darin zu sehen, dass das Buch weiter zirkulierte. Hätte sie das mit ihren bescheidenen Mitteln überhaupt verhindern können? Das kümmerte die Ankläger nicht. Der damalige Generalinquisitor, Guillaume de Paris, der kurz zuvor Mitglieder des Templer-Ordens hatte verurteilen und verbrennen lassen, übernahm den Fall persönlich. So wichtig wurden »der Spiegel« und Marguerite Porète als einflussreiche Frau mit einer hinreißenden Botschaft eben doch genommen. Sie wurde aufgefordert, die für die Vernehmung üblichen Eide zu leisten und über ihre Lehre Auskunft zu geben. Beides lehnte sie ab, denn sie habe im *Spiegel* gesagt, was sie zu sagen hatte. Sie schwieg angesichts der Anklage. Sie verteidigte sich nicht und antwortete nicht. Man muss allerdings bedenken, dass das Gericht in seiner Zusammensetzung eine widersinnige Konstruktion war. Der Inquisitor zum Beispiel war zugleich der Beichtvater. Konnte man demgegenüber etwas anderes tun als schweigen? Man inhaftierte sie in Paris für 18 Monate, um Sinnesänderung und Widerruf zu erreichen. Man kettete sie an und verweigerte ihr die Sakramente. Sie hielt stand. Die Inquisitionsbehörde identifizierte einige aus dem Zusammenhang gerissene Sätze als ketzerisch und versuchte erneut ihren Widerruf zu erreichen. Dieser Versuch scheiterte wiederum an ihrer absoluten Standhaftigkeit. Sie schwieg. Ein Begarde und Mitarbeiter eines Beginenklosters widerrief an ihrer Stelle, statt ihrer, und legte es ihr gleichsam in den Mund – was er im Ernst ja gar nicht konnte und durfte – und wurde dafür zu lebenslänglichem Gefängnis »begnadigt«, wie man das damals nannte. An einer solchen »Begnadigung« lag ihr nicht.

Eine Kommission von 21 angesehenen Theologen wurde einberufen, und alle 21 Männer verurteilten die ihnen vorgelegten inkriminierten Sätze.[28] So wurde sie am 1. Juni 1310 in Gegenwart der geistlichen und weltlichen Obrigkeit und einer großen Menge einfachen Volkes, viele unter ihnen laut weinend, als Ketzerin bei lebendigem Leibe verbrannt.

Zeitzeugen haben ihren Gang zum Scheiterhaufen mit hoher Achtung vor ihrer noblen Gesinnung, in der nichts galt als die Liebe, mit Würde und Gefasstheit beschrieben; in der Gewissheit, eins zu sein mit dem *»Loin-Près«*, dem fern-nahen Geliebten. Die innere Freiheit derer, die schon zuvor gleichsam den Liebestod der Selbsthingabe gestorben war, bezeugt einer ihrer Sätze in ihrem *miroir*:

»Jetzt ist diese Liebe dem Adler vergleichbar, weil sie hoch und immer höher fliegt und höher als irgendeiner unter den Vögeln. Denn sie ist mit der edlen Liebe befiedert. Da erscheint die Schönheit der Sonne ganz klar... Die Liebe ist mir nahe bei. Durch sie halte ich mich für befreit. Ich bin ohne Furcht und dies allem gegenüber.«[29]

Drittes Kapitel

Freundschaft mit Gott

Teresa von Avila (1515–1582)

Ein Faksimile, in Teresas energischer, großzügiger Handschrift geschrieben, hat man nach ihrem Tod in ihrem Gebetbuch gefunden: Es ist die Niederschrift eines kurzen Gesprächs mit sich selbst, einer Ermutigung, einer Art von Gebet. Wir wissen nicht, ist es von ihr oder ist es von jemand anderem, jedenfalls war es ihr so wichtig, dass sie es aufbewahrte. In Spanisch, Teresas Muttersprache, heißt der Wortlaut:

Nada te turbe
nada te espante
todo se pasa

Dios nos emuda
la paciencia
todo lo alcanza

quien a Dios tiene
nada le falta
solo Dios, basta[1]

»Solo Dios, basta«, das versteht man auch, wenn man kein Spanisch kann, und es ist das große geflügelte Wort dafür geworden, wie Teresa dachte und lebte: »solo Dios, basta«. Gott allein genügt. »Gott allein, basta«, könnten wir auch übersetzen.

Nach dem Attentat an jenem 11. September, als wir alle, die damals auf einer Tagung in Cortona versammelt waren, sehr erschüttert um die Zukunft der Welt bangten, hörten wir am Abend dieses Tages in der Kapelle der alten Franziskus-Stätte nahe der Schlucht, eben dieses Gebet und das Lied zu diesem Gebetstext. Es waren etliche Pilger und auch Touristen da, die es zusammen mit den Mönchen dort sangen, und wir alle, die damals dabei waren, fühlten uns durch dieses Lied aufgerichtet.

Es gibt eine Nachdichtung auf Deutsch:

»Nichts soll dich verwirren
nichts soll dich beirren
alles vergeht

Gott wird sich stets gleichen
Geduld kann erreichen
was nicht verweht

wer Gott kann erwählen
nichts wird ihm fehlen
Gott nur besteht«[2]

»Solo Dios, basta« klingt demgegenüber ungleich herzhafter und eindeutiger.

Wer war Teresa von Avila? Ein Zeitgenosse und Freund, Jerónimo Garcián, schreibt: »Sie war von solcher Schönheit des Gemüts und Charakters, so freundlich und anmutig, dass sie alle anzog, mit denen sie umging, weil sie sie liebten und schätzten.«[3] Man erzählt, die Leute hätten aufgestrahlt, wenn sie nur in den Raum kam. Als junges Mädchen soll sie eine wilde Schönheit gewesen sein. Die Männer von Avila lagen ihr zu Füßen. Aber es gab auch Leute, die anderer Meinung über sie waren: »Du lieber Gott, eher würde ich mich mit allen Theologen dieser Welt auf eine Diskussion einlassen als mit dieser Frau«[4], so schreibt ein bekannter Kirchenmann. Teresa habe nämlich auch »stur wie ein Ochse, dickfällig wie ein Elefant sein können, dabei schlau wie ein Fuchs, manchmal schuldbewusst, zugleich aber auch aufmüpfig«. Sie sei jedenfalls der inkarnierte Gegenbeweis gegen alle Klischeevorstellungen von Heiligen gewesen! Sie selbst hat einmal gesagt: »Gott bewahre mich vor sauertöpfischen Heiligen.«

In Christian Feldmanns Teresa-Buch ist sie so charakterisiert: »So ist sie, die Madre Teresa, ein Temperamentsbündel, heftig, unbeugsam, stets zu Extremen neigend, eine ungebändigte Natur, die mit dem Kopf durch die Wand will und dabei überraschenderweise fast immer Erfolg hat. Mitreißend impulsiv, wortgewandt, charmant und hartnäckig. Eine unwiderstehliche Person. Ihre Natürlichkeit, Unverkrampftheit und Selbstsicherheit blieben nicht ohne Wirkung auf die Mitmenschen.«[5]

Und selbst mancher von denen, die sie zeitweilig bekämpften – sie hatte große Widerstände von Seiten der Kirche samt einer Spaltung ihres eigenen Ordens zu verkraften – haben sie nachträglich doch verehrt. So zum Beispiel Bartholomé de Medina, ein Theologieprofessor in Salamanca, der in einer öffentlichen Vorlesung despektierlich von ihr geredet hatte, sie sei eines jener Weiblein, die von Ort zu Ort herumzögen und denen es besser anstünde, zu Hause zu beten und zu arbeiten, widerrief einige Zeit später seine Aussage, ebenfalls öffentlich in einer Vorlesung: »Meine Herren, kürzlich sagte ich an dieser Stelle einige unüberlegte Worte von einer Ordensfrau, die Klöster für ungeschulte Nonnen gründet. Was ich gesagt habe, war schlecht und falsch. Inzwischen habe ich sie kennen gelernt und bin sicher, dass sie von Gottes Geist geführt wird und auf einem sehr guten Wege geht.«[6] Diese den Menschen zugewandte und zupackende Frau hat zugleich eine tiefe mystische Innenseite: »Was sie in verschiedensten Wendungen beschreibt, ist eben dieses: eine Freundschafts- ja Liebesgeschichte – zwischen dem, der sie anruft, anspricht, im inneren Gebet sucht und sich selber, der sensiblen zarten Frau. Ihr Weg ist die Geschichte eines ständigen Ringens um die Befreiung der menschlichen Leidenschaft.«[7] Darum geht es in der Spannung, die ihr Leben durchzieht: Befreiung der menschlichen Leidenschaft – für Gott! Teresa war gerade wegen dieser beiden Wesenszüge, Aktivität und Kontemplation, nur sehr schwer einzuordnen. Sie hat Visionen, hört Stimmen, erlebt Entrückungen, Ekstasen. Diese Entrückungen sind das, was sie auch über Hildegard hinaus kennt, die in dieser Hinsicht viel nüchterner war. Über Teresa tuschelt man zuweilen, sie sei womöglich von Sinnen oder doch zumindest eine dieser »Alumbrados«, die sich selbst für Erleuchtete hielten und auf die anderen herabsähen. Dann wieder erschrecken ihre Zeitgenossen angesichts der Frage, ob sie womöglich doch eine von Gott Begnadete und Heimgesuchte, ja vielleicht eine Heilige sei.[8]

Sie selbst ist oft in ihrem Leben ratlos angesichts einer Ergriffenheit von Gott, von der sie immer wieder überwältigt wird. Sie befragt ihre Beichtväter, von denen sie mehrere erlebt hat, wie es in Klöstern üblich ist, die aber im Blick auf solche Erfahrungen unbedarft sind und sie gelegentlich in die Irre leiten. So warnt sie später vor solchen Beichtvätern, die weniger geistliche Erfahrung mitbrächten als das Beichtkind selbst. In Wirklichkeit stehen sie ebenso ratlos vor den Erfahrungen Teresas wie sie selbst. Einige vermuten sogar den Teufel dahinter. Man müsse die Sache der Inquisition zur Prüfung vorlegen, und so wird sie auch dort vorgelegt. Ihr Lebensbericht, die *Vida*[9], die sie früh auf Anregung ihres Spirituals geschrieben hat, liegt der Inquisition vor und kommt deshalb während ihrer ganzen Lebenszeit nicht an die Öffentlichkeit. Auch ihre Bücher werden erst nach ihrem Tode veröffentlicht.[10] Wir erinnern uns an Marguerite Porète, und das war zweihundert Jahre zuvor, doch hat sich hier noch wenig geändert. Dabei ist Teresas Zeit die Zeit der Gegenreformation. 1515 ist Teresa geboren und zwei Jahre später, 1517, schlägt Luther seine Thesen an der Wittenberger Schlosskirche an und schreibt seine kleine Schrift »Von der Freiheit eines Christenmenschen«, die wie ein Lauffeuer durch Europa eilt. Seit der deutschen Reformation, die gerade in Spanien eine enorme Gegenbewegung hervorrief, in der gewiss auch spirituelle Ressourcen entbunden wurden, kommen in der gefährdeten katholischen Kirche auch feindselige Impulse gegenüber allen eigenständigen religiösen Erfahrungen und Verhaltensweisen auf. Nachdem Teresa der Aufforderung nachgekommen ist, ihre Vida der Inquisition vorzulegen, wird es ihr doch zugleich, ohne dass sie das Urteil der Inquisition abgewartet hätte, unumstößlich zur Gewissheit, dass es Gott selbst ist, der zu ihr spricht. Sie wartet nicht, bis ihr das jemand bestätigt, auch kein Bernhard von Clairvaux, wie ihn Hildegard noch hatte –, einen solchen geistigen Mentor gab es in ihrer Zeit nicht. In ihrem authentischen Erleben wird ihr »Gott« immer mehr zum Gegenüber, zum Gesprächspartner, ja zum Freund.[11] Teresa spricht in einer so partnerschaftlichen Weise über die Beziehung zu Gott, wie ich sie vorher nirgendwo in dieser Weise angetroffen habe. Wirklich ein Gegenüber ist er ihr und sie ihm. Es ist nicht mehr das Gegenüber der Magd zum Herrn, nicht das der Tochter zum Vater, sondern es ist eine Beziehung zwischen Freunden, die miteinander Sorge tragen um das größere Ganze der Menschen und der Welt. Das Gegenüber einer selbständigen Freundin zum Freund zeigt sich in diesem einzigartigen Gegenüber zu Gott. Ein neues Bild ist gefunden, »Gottesfreundschaft«, für die Beziehung zwischen Gott und dem Menschen. Beten heißt für Teresa, sich der Anwesenheit des Freundes zu vergewissern und sich in seiner Nähe aufhalten. Gott vermag sie zu berühren und auch sie zu verwunden, in Liebe – so wie sie ihn. Gott kann von ihr berührt werden, wenn sie mit ihm über die Nöte der Welt spricht, die seiner bedarf. Gott selbst bindet sich an sie, um sie nicht mehr loszulassen. Er verwandelt sie in eine ihm zugehörige Partnerin. Und je mehr sie sich an Gott bindet, umso mehr wird sie sie selbst. Umso mehr wird sie Mensch, umso menschlicher wird sie. So beschreibt sie es.[12] Je menschlicher aber, umso sympathischer wird sie auch ihren Mitmenschen. Diese originelle und authentische Frau, Mystikerin und Nonne, ist auch heute nicht leicht einzuordnen. Teresas Kontemplation zum Beispiel wirkt nicht passiv oder regressiv, sondern aktiv, wagemutig und unternehmend, liebend und herausfordernd.[13] Gegenüber dem Vorwurf, ihre Visionen könnten »des Teufels« sein, schreibt sie in ihrer Vida: »Es gibt Leute, die schon durch die Worte Vision oder Offenbarung in Schrecken versetzt werden. Ich verstehe nicht, warum sie einen Weg, den doch Gott die Seele führt, für so gefährlich halten, und was sie daran so entsetzt.« Da gäbe es Menschen, die schrien immer wieder: »Teufel, Teufel!« statt dass sie schrien: »Gott, Gott!«, und sie, Teresa, fürchte die, die immer »Teufel« schreien, mehr als den Teufel selbst.[14] Denn: »Ich kenne eine Person«, sagt sie von sich, »der die Beichtväter wegen solcher Dinge gewaltig zusetzten. Obwohl sich hinterher an den großen Wirkungen und guten Werken zeigte, dass diese Visionen von Gott kamen!«[15] Es fiel ihr schwer, dass sie sich zum Beispiel, laut Beichtvater, um eine visionäre Erscheinung Christi nicht kümmern, sondern sich stattdessen davor bekreuzigen sollte, wie vor einem Trugbild oder einem Spuk.

Als sie schließlich einem berühmten thomistischen Gelehrten, Magister Frey Domingo Banez, von diesem Vorfall berichtete, bestätigte er ihr, dass es eine unbrauchbare Anweisung gewesen sei, sich vor dem Christusbild wie vor dem Teufel zu bekreuzigen. Denn, so Teresa, »wo und wie auch immer wir das Bild unseres Herrn erblicken, sollten wir es verehren, selbst wenn es der Teufel gemalt hätte, der ein großer Maler ist. Er schafft ja Gutes, auch wenn er Schlechtes will, indem er uns den Gekreuzigten oder ein anderes Christusbild so lebendig vorstellt, dass es sich unserem Herzen tief einprägt.«[16] Aus dem Grunde schätzen wir ein gutes Bild auch dann, wenn der Maler vielleicht ein verzweifelter Mensch war.

Ob eine Vision Nutzen oder Schaden bringe, liege also am Betrachter: »Ist er ohne Demut, so wird sie ihm schaden. Hat er aber Demut, so wird ihn die Vision innerlich fördern, auch wenn sie vom Teufel käme. Umgekehrt wird auch Gott seine Vision vergeblich senden, wenn der Mensch ihr undemütig begegnet. Wenn er nämlich sieht, dass er solche Gnaden nicht verdient, sondern sich gar etwas darauf einbildet, gleicht er einer Spinne, die alles, was sie aufnimmt, in Gift verwandelt. Während der demütige Mensch der Biene gleich ist, die alles zu Honig macht, und käme es vom Teufel…«[17] Wir merken, dass diese Frau auch mit den Bosheiten, die man ihr im Blick auf ihre visionäre Gabe zumutet, umzugehen weiß. Sie ist schlagfertig.

Wie wurde sie, allen Widerständen zum Trotz, zu der beachtlichen Frau, die heute vor uns steht? In Kürze: Ihr Leben und ihre Persönlichkeit sind so reich, dass ich nur partiell an sie erinnern kann. Teresa ist innerhalb der katholischen Tradition und des Mönchtums meines Wissens die erste, die zur gegenstandslosen Kontemplation, ohne Textbetrachtung, zu dem Gebet im inneren Dialog oder auch ganz im Schweigen vor Gott anleitet. Ich werde noch darauf zurückkommen. Genau das, das schweigende Beten, das keine Worte mehr braucht, war es, was damals in kirchlichen Kreisen Verdacht erregte. Wie sollte man dazu in der Lage sein, schweigende Kontemplation zu üben, noch dazu, wenn man eine Frau war? Man hatte damals immer noch die Vorstellung, Frauen gerieten außer sich und in die Irre, wenn man sie ihren freien spirituellen Erfahrungen überließe. Teresa war auch ein Beispiel dafür, dass man dabei in absolut außergewöhnliche Zustände geraten konnte. Wie stabil aber ihre geistige Konstellation war, zeigt sich daran, dass sie ein gigantisches Lebenswerk im Sinne der *vita activa* geleistet hat, was ihre geistige Klarheit, ja ihr strategisches und organisatorisches Talent erweist: Reisen, Klostergründungen im ganzen weiten Raum Spaniens, dazu ein außergewöhnliches theologisches Denken und Schrifttum. Man nannte sie die »Fahrende Gottes«. Siebzehn Frauenklöster, zwei Männerklöster hat sie gegründet, im Dienst und Rahmen des Karmeliter-Ordens, dem sie angehörte, heute einer der strengsten kontemplativen Orden, wie wir wissen – damals aber vor Beginn ihres Wirkens noch sehr verweltlicht, zum Beispiel ohne wirkliche Klausur. Zu schweren Auseinandersetzungen mit dem reformunwilligen Flügel des damaligen Ordens kam es auf ihre Reformimpulse hin. Hinzu kamen Auseinandersetzungen mit der kirchlichen Autorität. Und dies alles im Zeitalter der spanischen Inquisition, einer der gefürchtetsten in Europa überhaupt! So schreibt Teresa denn auch nieder, dass sie manchmal gebetet habe: »Lieber Gott, lass mich nur nichts sagen, und wenn es auch die Wahrheit wäre, was die Inquisition nicht erträgt.« Wir sehen immer wieder in der Geschichte der Christenheit, wie mystische Impulse aufbrechen, aber immer wieder gegen einen institutionalisierten Zwang zur Rechtgläubigkeit stoßen, an dem sie schier ersticken. Nicht aber bei Teresa.

Noch einmal, wer war sie?[18] Ihr voller Name ist Terese Ahumada Alonso de Copeda. Ihre Mutter stammt aus altkastilischem Adel, ihr Vater ist von einem Elternteil her jüdischer Herkunft. Das ist nicht allgemein bekannt, bis heute nicht. Ihr Vater war, wie damals viele, zum Christentum übergetreten, da die spanische Inquisition Drohungen gegenüber der spanischen Judenschaft ausgesprochen hatte, falls sie sich nicht taufen ließe. Es begann schon damit, dass er, um seinen Adelstitel zu verteidigen, einen Prozess führen musste. In Teresa also lebt jüdisches Erbe, von daher lässt sich ihre religiöse Leidenschaft mitbegründen. Leidenschaftlich war sie auch sonst, temperamentvoll, lebenslustig, selbstbewusst, eine Spanierin, wie man sie sich vorstellt. Sie liebte auch Schmuck und schöne Kleidung, und so soll man sich nicht selten nach ihr umgewandt haben, wenn sie durch die Straßen von Avila ging. Und das zu einer Zeit, wo die Frau im katholischen Spanien noch ähnlich ans Haus gebunden und von Konventionen eingeengt war, wie heute noch die Frau in der islamischen Kultur. Doch Teresa soll freimütig und unverschleiert durch die Straßen Avilas geschritten sein.

Sie hatte offenbar die Gabe, geradezu spontan Freude und Zuneigung zu erwecken, wenn sie auch nur erschien. Dazu war ihr ein natürlicher Stolz eigen, der in vielen Situationen sichtbar wurde, wenn selbstbewusste Würde gefordert war. Teresa wusste sich zu wehren, wenn man ihr zu nahe trat, ließ sich ungerechte und abschätzige Behandlung keinen Augenblick lang gefallen. Schon als junge Frau nicht, und von Männern nicht, auch dann nicht, wenn diese von kirchlicher Autorität waren. Dabei hatte sie schon im kindlichen Alter eine tiefe und leidenschaftliche Spiritualität entwickelt. So soll sie als Sieben- oder Achtjährige mit ihrem Bruder Rodrigo, der nur ein paar Jahre älter war, – sie hatte mehrere Geschwister! – den Mauren entgegengezogen sein[19], um sie entweder zu Christus zu bekehren oder den Martyrertod zu sterben. Spanien war damals zu großen Teilen in der Hand der Mauren, oder der Sarazenen, wie man sie damals nannte, Moslems aus Nordafrika. Das Kind Teresa, das ihnen mit ihrem Bruder Rodrigo außerhalb der Stadtmauern von Avila entgegenzog, tat damals den Ausspruch: »Sollen sie nur kommen und sollen uns beiden nur den Kopf abschlagen, dann fahren wir pfeilgerade in den Himmel!« Klang dies nicht so ähnlich wie heute die Selbstmordattentäter aus dem islamischen Raum argumentieren? So redeten also auch diese beiden Christenkinder. Es ist nicht überflüssig, dies zu betonen und zu zeigen, wie nahe der Gedanke an einen Märtyrertod damals auch den Christen lag. Zum Glück wurden die beiden todesmutigen Kinder rechtzeitig von ihrem Onkel aufgefunden, ehe sie von den Trupps von Sarazenen, die außerhalb der Stadtmauern überall unterwegs waren, aufgegriffen worden wären. Da zeigt sich eine gewisse religiöse Hochgemutheit, ja Verrücktheit der Unternehmungen der kleinen Teresa. Auch soll sie zusammen mit Spielgefährten Einsiedlerklausen[20] angelegt haben, in denen sie im Garten sozusagen »Religion gespielt« habe. Es lebte etwas in dem Mädchen und flammte immer wieder auf, was es über das übliche Menschenmaß hinaustrug.

Teresa erfuhr als junge Frau, aber eigentlich auch ihr ganzes Leben lang, die ungeheure Spannung zwischen ihrer Vitalität, ihrer Sinnenfreude und einer tiefen Spiritualität. Es war tragisch für Teresa, dass Weltliches und Geistliches damals noch als gänzlich unvereinbar galten. Dabei wäre ein ganz anderes Christentum denkbar, eines, das in einer Schöpfungsspiritualität Leib und Geist zusammenschlösse. Damals war die Antithese zwischen »Geist und Fleisch« geradezu herzzerreißend. Entweder verleugnete Teresa ihre Natur und ihre Sinnenfreude als Frau oder sie verleugnete ihre andere, die spirituelle Leidenschaft. Es kam etwas hinzu, was diesen inneren Konflikt der Teresa sehr verschärfte: der frühe Tod der Mutter, der in ihr, wie es bei einem Verlust der Mutter nur zu begreiflich ist, auch eine gewisse Angst, ja Panik vor dem Tod auslöste.

Damit war für sie aber auch auf neue Weise die religiöse Frage verknüpft, die Frage nach dem Seelenheil. Zugleich konnte sie den Gedanken nicht abweisen, dass Gott offenbar etwas Besonderes mit ihr vorhabe. Gegen die aufbrechende Todesangst setzte die jugendliche Teresa eine Zeitlang auch eine umso heißere Lebenslust, die sie mit Gleichaltrigen teilte und mit ihnen zusammen auslebte. Dieses natürliche jugendliche Treiben verschärfte aber die Spannung in ihr zwischen Geist und Leib, zwischen Gott und Welt bis ins Unerträgliche.

Um 1531 wurde die Sechzehnjährige, vielleicht auch um ihr Grenzen zu setzen, von ihrem Vater als Schülerin und Zögling dem Kloster Maria Gnaden in Avila anvertraut.[21] Neben der Kunst des Schreibens und Lesens lernt sie in der Klosterschule die Grundzüge geistlichen Lebens kennen. In dieser Klosterschule wird sie überraschenderweise ein erstes Mal schwer krank, wie später öfter in ihrem Leben, immer in Krisensituationen, die sie in tiefe innere Ambivalenzen führen.[22] Dass sie erkrankt, erweist, dass für sie der Eintritt in diese Klosterschule eine Krisenerfahrung war. In diesem Falle wird Teresa mit Ohnmachtsanfällen, Bewusstlosigkeit psychosomatisch krank, was für ein pubertierendes Mädchen nicht völlig unbegreiflich ist. Doch führt es hier zugleich dazu, dass sie wieder in ihr Elternhaus zurückkehrt, also zu ihrem Vater. War sie nach dem Tod der Mutter womöglich auch besonders an ihn gebunden? Man merkt deutlich die Spannung, die Ambivalenz in ihr. Schon in diesen Klosterschulen führte und wirkte alles darauf hin, dass die Schülerinnen später selber in den Orden eintraten. Gerade wegen ihrer Freude am Leben fühlte Teresa eine heftige Abneigung gegen das Leben im Kloster, auf das man sie in der Klosterschule offenbar hin erzog. Zugleich löste diese Abneigung tiefe Angst in ihr aus, da sie diese als ein Zeichen dafür wertete, wahrscheinlich nicht zu den Begnadeten sondern zu den künftig Verdammungswürdigen zu gehören. Wenn man im damaligen katholischen Spanien eine derartige Abneigung gegen das Klosterleben verspürte, konnte dies nur bedeuten, dass etwas mit einem nicht stimme. Die andere Seite, die tief religiöse Seite in ihr kämpfte und drängte sie gerade in die Richtung, in die sie als Weltkind absolut nicht wollte. Es ist nicht selten so, dass das, was wir am stärksten ablehnen und zu vermeiden suchen, sich innerlich aufstaut und immer wieder vordrängt, und sei es in körperlichen Symptomen und psychosomatischem Leiden. Schließlich kam es so, wie sie fürchtete und wie sie es doch ersehnte: Im Jahr 1535 trat sie in den Karmel ein, nun gegen den heftigen Widerstand ihres Vaters, der sich etwas anderes für seine Tochter erhofft hatte und dem von seiner jüdischen Herkunft her Sinnenfreude und künftige Ehe als das Natürlichste in der Welt erschien, die klösterliche Askese und das zölibatäre Leben dagegen als etwas Unnatürliches, ja Widernatürliches. Therese gestand sich ein, dass sie ihre Gelübde zunächst aus keinen anderen Gründen als aus Angst vor Gott geleistet hätte. Nicht aus Begeisterung sondern aus purer Angst[23] vor künftiger Verdammung sei sie ins Kloster eingetreten. So war die Beziehung zu Gott ihr selbstverständlich geworden, aber musste dies ein Leben im Kloster bedeuten?

Ihr Vater mochte diesen Schritt deshalb so stark bekämpft haben, weil er etwas von ihrem wahren Wesen verstand. Außerdem kam er aus einer jüdischen Familie und war vielleicht wirklich nur unter dem Druck der Inquisition in die Kirche eingetreten. Nun vermutete er mit Recht, dass auch seine Tochter unter den Druck der Kirche geraten sein konnte. Sein Widerstand bewirkte bei seiner stolzen Tochter jedoch nur, dass diese bei Nacht und Nebel aus dem Haus ging und beim Kloster von der Inkarnation um Aufnahme bat.

Teresa versuchte in ihrer ganzen konsequenten Leidenschaftlichkeit, eine gute Nonne zu werden. Sie übte sich in Demut und Gehorsam, übernahm als eine der Eifrigsten die niedrigsten Dienste, zum Beispiel in der Küche usw., die sie bei ihrer adligen Herkunft gar nicht kannte. Sie schonte sich nicht, wurde aber des Klosterlebens überhaupt nicht froh. Es lag nicht an diesem Einsatz, sondern viel tiefer: Ihre Motivation war, wie sie es später in ihrer Vida beschrieb, in erster Linie die Angst vor Gott. Nichtsdestotrotz legte sie am 3. November 1536 Profess ab.

Unmittelbar aber danach passiert es: sie erkrankt so schwer, dass sie nicht im Kloster bleiben kann, sondern Heilung außerhalb des Klosters suchen muss. Niemand hat sie damals im heutigen Sinn nach ihrer psychischen Verfassung gefragt, sondern man lastet ihr dieses Versagen eher schuldhaft an, da das Klosterleben damals als das höchste Ziel eines jeden Christen galt. Während dieses Heilungsaufenthalts außerhalb des Klosters geschieht es, dass sie zum ersten Mal mit dem inneren Gebet im Schweigen beginnt.

Rückblickend sah sie es so: Es nütze einem gar nichts, ins Kloster zu gehen, wenn man doch die ganze Welt mit ins Kloster nimmt. Der innere Widerspruch, nach dem damals niemand fragte, hatte sich bei Teresa im Kloster im übrigen auch so ausgewirkt, dass sie die reichlichen Besuchszeiten so nutzte, ständigen Kontakt mit ihrem ganzen Freundeskreis in Avila zu pflegen und gleichsam Hof vom Kloster aus zu halten. So füllte sie ihre Tage, wie sie es später moralisierend beschreibt, unablässig mit »Geschwätz« und »Klatsch«. Wahrscheinlich geht sie mit ihrer Selbstkritik zu weit[24]: denn auch damals hat sie schon streng darauf geachtet, nie über einen Menschen etwas zu sagen, was sie nicht über sich selbst gesagt haben wollte. Diesem hohen Anspruch, den sie an sich selber stellte, ist damals wie heute nicht leicht eine gewachsen.

Als ihre Beichtväter sie später bewegten, ihren Lebensbericht zu schreiben, nahm sie sich vor, nach dem Vorbild des heiligen Augustin[25] und dessen Bekenntnissen ihre Geschichte zu schreiben. Nur, da liegt der Unterschied, dass Augustin seine der Welt verhaftete Zeit als die Zeit vor seiner Bekehrung beschrieb, während es für Teresa die ersten zwanzig Jahre ihres Klosterlebens waren, in denen sie den inneren Zwiespalt zwischen Weltseligkeit und Gottessehnsucht einfach nicht überwinden konnte. Das macht sie, von heute aus gesehen, natürlich eher sympathisch! Ich finde, sie bleibt sich darin auch treu. Denn, wenn man den christlichen Glauben offiziell so interpretiert, als ob es in ihm nur ein Entweder-Oder gäbe zwischen Gott und der Welt, dann muss man in diesem Zwiespalt verbleiben. Sie findet dann nicht den ihr gemäßen Weg, auch in der Welt und allem, was es da zu erleben gibt, Gottes Präsenz zu finden. Über zwanzig Jahre ist sie also in einem quasi weltlichen Klosterleben verblieben. In ihrer Vita wertet sie das stärker ab, als man es tun müsste, wenn man nicht die damalige verengte Perspektive des Glaubens hat.[26]

Teresas tiefe Veranlagung, ihre hohe Begabung, auch ihre besondere spirituelle Berufung und damit verbunden die Gefahr, ihren Schatz für immer »im Acker zu begraben«, trieben sie schließlich drei Jahre nach ihrer Profess noch ein letztes Mal in eine Krise, die diesmal lebensgefährlich war. Am 15. 8. 1939 gerät sie vier Tage lang in einen todesähnlichen katatonen Zustand, der klinisch äußerst bedenklich ist. Nicht mehr imstande, sich zu regen, liegt sie kataton, bewusstlos da. Ein zeitgenössischer Bericht sagt, man habe sich damals bereits um ihre Bestattung gekümmert.

Der lebenslange Konflikt war übergroß geworden, hatte ihr ganzes inneres Gefüge explosiv aufgeladen – und schließlich blockiert, damit es nicht zerspränge. In einer langwierigen Genesungszeit kehrt sie sogar zeitweilig wieder in ihr Elternhaus zurück. Noch nach vier Jahren kann sie noch nicht wieder richtig gehen, so stark wirken die Lähmungen nach jenem katatonen Zustand nach.

Es ist heute nachträglich schwer festzustellen, an welcher Störung sie damals eigentlich gelitten hat, nur dies steht fest, dass diese Störung psychosomatischer Natur war. Katatone Zustände solcher Art kennt man auch heute, vor allem in der Psychiatrie. Wichtiger als ein genauer nachträglicher Befund ist die Frage: Kam sie schließlich darüber hinweg und wodurch? Wie fand sie sich schließlich selbst wieder – und auf eine neue Weise zu ihrem Gott? Schrittweise entdeckte sie in dieser Zeit das innere Gebet. »Sie hatte erkannt, dass Glaubensverkündigung den ganzen Menschen betrifft… Teresas Kontemplation war nicht passiv oder regressiv, sondern wagemutig, unternehmend, liebend und hörend.«[27] Doch erst im Jahr 1554, also rund fünfzehn Jahre später, kommt der wirkliche Durchbruch: Der Anblick eines Leidensbildes Christi erschüttert sie bis in den Grund ihrer Existenz. Sein Leiden ist ihr der Preis für seine Gottverbundenheit, die alle damaligen Gesetzesgrenzen sprengt. Vor diesem Bildnis des »schwer verwundeten Christus« vermag sie sich endgültig für das innere Leben, auf das sie angelegt ist, zu entscheiden: Ihre leidenschaftliche Natur wendet sich ganz dieser innersten Sehnsucht zu, sich mit Gott zu verbinden. In einem endlosen Tränenstrom löst sich der lebenslange Zwiespalt in ihr auf und geht in eine fraglose Verbindung mit Gott über. Wenn Dorothee Sölle in einem Gedicht schreibt: »Gib mir die Gabe der Tränen, Gott, gib mir die Gabe der Sprache…«[28] – so spricht sie von der Gnade der Tränen nach solchem Erstarren, wie Teresa es bis dahin immer wieder erlebt hatte. Aus dieser Erfahrung fragloser Verbundenheit heraus entsprang Teresas Herzensgespräch mit Christus, das keiner Worte mehr bedurfte, das sie als reine Kontemplation zu führen lernte und lehrte.

Dieses Herzensgespräch auch anderen zu ermöglichen, war die wesentliche Intention ihrer Reform des Karmeliterordens, die sie ab 1560 mit großer Energie in die Wege leitete: Die Klöster sollten in der Weise umstrukturiert werden, dass es in ihnen eine echte Klausur gäbe, in der es möglich würde, täglich in solche schweigende Kontemplation einzutauchen, einige wenigstens zwei Stunden lang. Was gemeint ist, verstehen wir vielleicht von einem parallelen Ausspruch Luthers, ihres großen Antipoden her: Heute habe er so viel zu tun, soll er einmal gesagt haben, dass er zwei Stunden lang beten müsse.

Teresa lädt dazu ein, dieses schweigende Gebet zu entdecken und zieht durchaus in Erwägung, dass es nicht jedem gegeben sei, es zu üben und zu erfahren. Gerade in diesem Bereich dürfe niemandem etwas aufgezwungen werden, so schreibt sie. Doch lädt sie dazu ein und leitet auch dazu an: *»Wer mit der Übung des inneren Gebets noch nicht begonnen hat, den bitte ich bei der Liebe Gottes, sich ein solches Gut doch nicht entgehen zu lassen. Es gibt hier nichts zu fürchten, aber alles zu hoffen. Wer darin beharrlich ist, der wird die Barmherzigkeit Gottes erfahren, der jede Freundschaft erwidert. Denn das innere Gebet ist, so meine ich, nichts anderes als Umgang und vertraute Zwiesprache mit dem Freunde, von dem wir wissen, dass er uns liebt.«*[29] Und dann beschreibt sie in berührender Weise, wie es ihr selbst damit erging: *»Da es mir schwer wurde, verstandesmäßig nachzusinnen, bemühte ich mich, mir Christus innerlich vorzustellen, was am leichtesten fiel, wenn ich an die Augenblicke seines Lebens dachte, in denen er einsam war.«* Sie stellt sich also die Momente vor, in der er ihre Nähe vielleicht als wohltuend empfunden hätte: *»Es kam mir dann vor, als ob er, so allein und betrübt, jemanden brauche, sodass er mich vielleicht akzeptieren würde. Ja, so einfältig war ich oft. Zum Beispiel stellte ich ihn mir auch im Gebet im Garten von Gethsemane vor. Dort war ich bei ihm und blieb so lange, wie es meine umherschweifenden Gedanken gestatteten. Leider hatte ich davon recht viele, was mich quälte. Bei* *dieser Art des Betens kann die Seele viel verlieren, weil die Gedanken sich zerstreuen, oder viel gewinnen, weil die Liebe wächst.«*[30]

Über die direkte Christus-Meditation hinaus kennt Teresa noch einen anderen Zugang zur Kontemplation, der uns Heutigen vielleicht leichter fällt:

»Mir persönlich half es aber auch, wenn ich die Felder, das Wasser, die Blumen betrachtete.«[31]

Solche Formen der Meditation, der Imagination sind uns heute wieder gut zugänglich. Teresa aber schreibt:

»Alles dies erinnerte mich an den Schöpfer, und so konnte ich mich sammeln wie bei der Lektüre eines Buches. Transzendente oder erhabene Dinge aber vermochte ich mir niemals vorzustellen, dazu war mein Verstand zu ungeschickt. Und ich hätte niemals etwas davon erfahren, wenn der Herr mir diese Dinge nicht gezeigt hätte. Das erste, was uns Gott über das Gebet lehrt, ist, dass wir in die Stille gehen müssen. Er selbst pflegte in der Einsamkeit zu beten. Wir müssen in die Stille gehen, damit wir verstehen, mit wem wir zusammen sind, und hören, was der Herr auf unsere Bitten antwortet. Oder meint Ihr, er schweige, nur weil wir ihn nicht hören? Von Herzen gebeten spricht er zum Herzen.«[32]

Teresa kann aber auch in wunderbarer Großzügigkeit aussprechen, dass es vielleicht doch nicht jedermanns Sache sei, diese Form des Gebets zu üben, und wie sie dies akzeptieren kann:

»Ich will jetzt nicht von mir sprechen, aber ich bin Menschen begegnet, die mir zunächst leid taten, weil sie so wenig Freude hatten und immer mit Aufgaben überlastet waren, die ihnen die Pflichterfüllung gebot. Ich dachte da-

mals, dass sie bei so viel Unruhe keinen geistlichen Fortschritt machen könnten, und sie standen damals auch noch recht am Anfang. O Herr, wie verschieden sind deine Wege von unseren plumpen Vorstellungen! ... So habe ich kürzlich einen Ordensmann gesprochen, der seit fünfzehn Jahren so mit Ämtern und Pflichten überhäuft war, dass er sich nicht erinnern konnte, je einen Tag für sich selbst gehabt zu haben. Wenn er sich auch stets gewissenhaft bemühte, einige Zeit für das Gebet zu erübrigen. Er ist einer der pflichtgetreuesten Menschen, denen ich je begegnet bin, und der Herr hat ihn wohl belohnt. Dieser Ordensmann war, ohne zu wissen wie, zu jener kostbaren und erwünschten Geistesfreiheit gelangt, die Kennzeichen der Vollkommenheit ist. Er war so glücklich, wie man es in diesem Leben nur sein kann. Denn da er nichts wünschte, besaß er alles. Wer zu diesem Gipfel gelangt, fürchtet und erwartet nichts.«[33]

Erinnern diese Worte Teresas nicht an die viel früher gesprochenen von Marguerite Porète? Sollte es hier eine gemeinsame Sprache der Mystikerinnen über die Jahrhunderte hinweg geben? Teresa fährt fort:

»Nicht nur an diesem Mann habe ich dies erlebt, sondern auch an anderen Personen, die ich viele Jahre nicht gesehen hatte. Als ich ihnen wieder begegnete und sie fragte, wie es ihnen ergangen sei, zeigte sich, dass sie all die Jahre mit nichts anderem als Pflichterfüllung und Werken der Nächstenliebe vollbracht hatten. Dabei sah ich sie im Spirituellen derart vorangeschritten, dass es mich verblüffte.«

Und dann holt sie aus zu einem wahren Trostwort an ihre Mitschwestern damals, die aber bis zu uns herüberklingen:

»Darum, meine Töchter, verzagt nicht.! Wenn euch viele äußere Verrichtungen auferlegt sind, etwa in der Küche, so

wisst, inmitten der Töpfe ist der Herr zugegen, um euch innerlich und äußerlich beizustehen. So möchte ich noch einmal betonen, Schwestern, dass der Mangel an äußerer Ruhe die« unio mystica« keineswegs hindert.«[34]

Ist nicht diese Offenheit Teresas das Anziehendste an ihr? Da ist ihr die schweigende Kontemplation etwas unendlich Kostbares, das sie allen ans Herz legt: Noch kostbarer, als alle auf diesem Weg festzulegen, ist ihr aber, Gott und einem jeden Menschen die Freiheit zu lassen, den eigenen Weg zu gehen.

Diese freilassende Einstellung Teresas halte ich für äußerst wichtig, gerade wenn man ihre Leidenschaft für die Ordensreform bedenkt. Die zentrale Form besteht darin, die innere Stille für das schweigende Gebet zu ermöglichen. Dazu bedarf es der Klausur, die das Kloster, in das sie vor einiger Zeit eingetreten war, noch gar nicht kannte. Sie verstand die Klausur als Raum der Freiheit, auch des Schutzes, zum Beispiel der Abschirmung vor der Sippe und der Familie, die in jenen Zeiten noch stark Einfluss zu nehmen verstanden auf die Frauen, die in den Orden eingetreten waren. Teresa kämpfte auf allen Ebenen dafür, dass die Schwestern ihre innere Freiheit gewännen und auch behielten. Nicht nur nach außen, sondern auch nach innen galt es Formen zu finden, die solche Freiheit ermöglichen. Sie wandte sich gegen solche Ordensoberen, die die Schwestern durch Vorschriften einengten. Unser Weg ist streng genug, meint sie, so brauchen wir keine weiteren Vorschriften.[35] An der gleichen Stelle nennt sie es schrecklich, jemandem untergeben zu sein, dem es an Verstand fehle, da könne man sich allenfalls äußerlich, aber niemals innerlich unterordnen.[36]

Es ist etwas Erfrischendes an Teresa, gerade in ihrem eigenen Umgang mit Autoritäten. Außerdem hat sie mit ihren Schwestern, die sie zu einem so tiefen Zugang zu Gott ermutigte, zugleich immer wieder die Heiterkeit gepflegt. So soll sie mit ihnen getanzt und dazu selbst das Tamburin geschlagen haben. Das ist das Liebenswerte an dieser Frau, die zu ihrem eigenen Wesen fand, nachdem sie die Trennung zwischen asketischem Christentum und Freude an der Schöpfung, an der Welt und den Mitmenschen überwunden hatte. Anstatt ausgeklügelter Gebetsübungen fand sie es sinnvoll, sich an eine Blume zu erinnern oder an ein Wasser[37] und darüber dankbar für die ganze Schöpfung zu werden. Ich werde noch einige Übungen vorstellen, die ihr solche Freiheit ermöglichten und die sie auch uns anderen ans Herz gelegt hat.

In ihrer Verbindung von vita activa und vita contemplativa hat sie ihren lebenslangen Zwiespalt zwischen vitaler Extraversion und intuitiver Introversion endgültig überwunden.

In dieser Zeit begann Teresa dann auch ihre großen Schriften zu verfassen: die »Vida« und schließlich »Die innere Burg«. Sie stand in ihrem 47. Lebensjahr, als sie im Jahr 1562 zu schreiben begann. Als sie ihr reifstes Werk schrieb, »Die Seelenburg«, zwischen 1574 und 1580, war sie bereits in ihren Sechzigern. In diesem Alterswerk nahm sie die Grundgedanken der »Vida« noch einmal auf, malte die sieben inneren Wohnungen der Seelenburg aus und zeigt, wie die Seele Raum für Raum durchschreitet und welche wesentlichen Erfahrungen sie in den einzelnen Räumen macht. Die Seelenburg war für sie zugleich als eine Kugel aus Kristall vorzustellen, als ein Symbol der Ganzheit der Seele. Indem die Seelenburg zugleich die Wohnung Gottes war, wird in diesem Bild und in diesem Werk deutlich, dass Gottes Wohnung im Feld unserer Seele sei.

Es wurde zu der Zeit unabdingbar, die Wohnung Gottes, die man zuvor in einem transzendenten Himmel geglaubt hatte, in die Immanenz der Seele zu verlegen, da das geozentrische Weltbild, in dem man so genau zu wissen glaubte, wo Gott wohnt, durch das heliozentrische abgelöst wurde. Es hat die Kirche bekanntlich enorm erschüttert zu erkennen, dass die Erde nicht die Mitte des Weltalls ist. Gleichzeitig erfolgt in mystischer Erfahrung die Erkenntnis, dass Gott innen, in den Seelen der Menschen wohnt, in der »Seelenburg«. Schon Meister Eckart hat das vorweggenommen: Es sei nämlich innen, nicht außen, sondern alles innen, so sagt er.

Zuvor war in das 52. Lebensjahr Teresas eine so wichtige Begegnung gefallen, dass man deren seelische und geistige Bedeutung kaum überschätzen kann: Die Begegnung nämlich mit Johannes vom Kreuz[38], dem um 20 Jahre jüngeren Mann, der als der tiefgründigste Mystiker der spanischen Welt gilt, zugleich als großer Poet. Noch heute ist er so aktuell, dass ihn die spanischen Lyriker zu ihrem Patron erwählt haben. Seine Mystik ist eine Mystik der Nacht. Er geht davon aus, dass die wesentlichsten Erfahrungen im Dunkel geschehen,. Einerseits meint er damit natürlich die Stille der Nacht, andererseits aber die dunklen Stunden der Seele und ihres Lebens. »Der Glaube ist für die Seele eine dunkle Nacht…, … und je mehr er die Seele verdunkelt, umso mehr gibt er ihr auch sein Licht.«[39] Die Tiefe der Nacht wurde von Johannes vom Kreuz in einer bisher unerhörten Weise ausgelotet, ausgeleuchtet und in ergreifende Gedichte eingebracht. Eines seiner schönsten Gedichte, »En una noche oscura« genannt[40], beschreibt in Bildern des biblischen Hohenliedes das Suchen der Seele nach ihrem göttlichen Geliebten. Johannes vom Kreuz, dieser kongeniale jüngere Mensch und Ordensbruder, verhalf zugleich dazu, dass sich Teresas tiefster Wunsch, ihre Reform solle sich auch auf die Männerklöster der Karmeliter ausdehnen, erfüllen konnte. »Schaff mir Kinder, sonst sterbe ich«, hatte sie mit der biblischen Rahel gebetet. Johannes vom Kreuz wurde ihr einer dieser ersehnten Söhne. Mit tiefer Begeisterung begann Johannes vom Kreuz die Reform, die Hinführung zur Klausur und zur inneren Stille auch in den Männerklöstern des Karmeliterordens einzuführen.[41] Eben diese neue Strenge, diese neue Freiheit, diese neue Vertiefung aber endete in einer tiefen Spaltung des damaligen spanischen Karmeliterordens.[42] Der Reformflügel, der sich wegen der größeren Strenge seiner Lebensführung auch »die Unbeschuhten« nannte, da ihre Mitglieder barfuß oder allenfalls barfuß in Sandalen zu gehen pflegten, vor allem aber das kontemplative Gebet übten, wurde von dem reformunwilligen Flügel des Ordens als solche Herausforderung empfunden, dass sie sie nicht mehr innerhalb ihrer Ordensgemeinschaft dulden wollten. Im Verlauf erbitterter Auseinandersetzungen wurde Johannes vom Kreuz schließlich vom anderen Flügel des Ordens verhaftet, eingekerkert, gedemütigt und gequält.[43] Doch bewegte er sich in seinen Überzeugungen um kein Jota zurück. Schließlich rettete er sich in einer kühnen Flucht über die Mauer der Festung in die Freiheit. Dass es im Zusammenhang mit Teresas Reformen zu solchen Zerwürfnissen innerhalb des Ordens kam, ließ auch sie manchmal zweifeln, ob Gott wirklich mit ihr und ihren Reformen sei. Erst ein päpstliches Breve, um 1580 herausgegeben, trennt die Unbeschuhten von den Beschuhten. Es scheint auf eine dauerhafte Spaltung zuzulaufen. Schließlich wird doch der Ordensgeneral, Jerónimo Gracian[44], der als naher Freund auf Teresas und Johannes' Seite steht, von Rom bestätigt, so dass sich am Ende eine Klärung im Orden abzeichnet.

Teresa war bis zum Ende ihres Lebens kein Rückzug und keine Stille in Frieden vergönnt. In aller Schärfe hat sie die Konflikte erlebt, die auch zwischen gottbezogenen Menschen auftreten können, wenn sie Neid und Grausamkeit untereinander nicht zu meistern wissen. Mit ihrer persönlichen Energie, ihrer Souveränität und ihrem Humor hat sie zwar von Fall zu Fall vieles zu entschärfen gewusst. Dennoch schieden sich an ihr die Geister.

Es passt vielleicht auch in die Auseinandersetzung mit den Beschuhten, wenn sie einen ihrer unvergesslichen Aussprüche tut: »Wenn Rebhuhn, dann Rebhuhn, wenn Buße, dann Buße«[45]. Sie nimmt Buße ernst, aber wenn es Rebhuhn gibt, dann ist Rebhuhn an der Reihe und nicht die Buße. Sie bringt etwas zusammen, was lange in Spannung miteinander war, dass man nicht länger auf Kosten der Welt und anstelle der Dankbarkeit für alles, was uns da gegeben ist, meinte, Gott suchen zu müssen. Teresas Karmel scheint ein Orden voll großer Strenge und zugleich voll großer Freiheit und Heiterkeit gewesen zu sein.

Sie starb im Jahr 1582 mit 67 Jahren auf einer ihrer Reisen, die der Gründung und Betreuung ihrer Reformklöster galten, in Alba bei Torm.[46] Es war ein plötzlicher Blutsturz, dem sie erlag.

Schon um 1614 wurde diese heiß umstrittene, und dennoch tief verehrte Frau selig gesprochen. Um 1632 folgte die Heiligsprechung.[47] Von ihr selber ist der Ausspruch überliefert: »Ich weiß, dass ich nicht unbedingt eine Heilige bin, aber ein alter Griesgram wäre das Krönungswerk des Teufels.« Das aber war sie sicher nicht. Es ist vielmehr ein Text der alternden Teresa überliefert, ein Gebetstext, dessen Herkunft ich nicht belegen kann. Doch hat er den Ton, den Geist, den wir von ihr kennen:

»Herr, du weißt es besser als ich, dass ich von Tag zu Tag älter werde und eines Tages alt sein werde. Bewahre mich vor der Einbildung, bei jeder Gelegenheit und zu jedem Thema etwas sagen zu müssen. Erlöse mich von der großen Leidenschaft, die Angelegenheiten anderer ordnen zu wollen. Lehre mich, nachdenklich, aber nicht grüblerisch, hilf-

reich, aber nicht diktatorisch zu sein. Bei meiner ungeheuren Ansammlung von Weisheit täte es mir ja Leid, sie nicht weiterzugeben. Aber du verstehst, Herr, dass ich mir ein paar Freunde erhalten möchte. Lehre mich schweigen über meine Krankheiten und Beschwerden. Sie nehmen zu, und die Lust, sie zu beschreiben, wächst von Jahr zu Jahr. Ich wage nicht die Gabe zu erflehen, mir Krankheitsschilderungen anderer mit Freude anzuhören. Aber lehre mich, sie geduldig anzuhören. Ich wage es nicht, um ein besseres Gedächtnis zu bitten, nur etwas mehr Bescheidenheit und etwas weniger Bestimmtheit, wenn mein Gedächtnis nicht mit dem der anderen übereinstimmt. Lehre mich die wunderbare Weisheit, dass ich mich irren kann. Erhalte mich so liebenswert wie möglich... Lehre mich, an anderen Menschen unerwartete Talente zu entdecken und verleihe mir, Herr, die schöne Gabe, sie auch zu erwähnen.«[48]

Hier möchte ich noch weiter auf Teresas Anleitungen zur inneren Erfahrung eingehen. Ihre Gebetspraxis zum Beispiel ist in ihrer Schrift *»Camino de perfección«* (Weg der Vollkommenheit) (1562–69) beschrieben, wo das innere Beten, *oracion mental*, im Mittelpunkt steht, das für sie eher eine innere Haltung bezeichnet: »wie das Verweilen bei einem Freund«[49]. Ein mehr von der Imagination ausgehendes Beten beschreibt sie im Bild der Bewässerung eines Gartens. Ehe sie das große Symbol der »Seelenburg« einführte, bevorzugte sie das Bild vom »inneren Garten, der bewässert werden will«. Gerade für Anfängerinnen in der mystischen Übung kann das Bild einer Garten-Bewässerung gut zugänglich sein. Dieses Bild ist den Spaniern vertraut, als eine zuerst den Mauren verdankte Kunst, da sie in dem oft vertrocknenden Land lebenswichtig sein kann.

Wie führt nun Teresa dieses Bild von der Gartenbewässerung ein? Sie schreibt:

»Ich möchte ein Gleichnis benutzen, wenn ich auch nicht mehr weiß, woher ich es habe. Wer mit dem geistlichen Leben beginnt, ist wie jemand, der einen Garten anlegen will – damit sich der Herr darin gern ergehe, damit er gern in diesen Garten komme. Das Grundstück ist wild und voller Unkraut. Seine Majestät selbst hat damit begonnen zu roden und schöne Pflanzen einzusetzen. Dann aber müssen wir uns bemühen, mit der Hilfe Gottes selbst gute Gärtner zu werden und die Pflanzen regelmäßig zu begießen, damit sie nicht vertrocknen, sondern wachsen, blühen und herrlich duften, damit sich unser Herr daran erfreue. So wird er denn oft in diesen Garten kommen und sich zwischen den Blumen ergehen. Überlegen wir nun, wie wir den Garten bewässern können.«[50]

Teresa kommt darauf zu den Einzelheiten, zu vier möglichen Formen der Bewässerung:

»Ich meine, da gibt es vier Arten. Erstens kann man das Wasser in einem Gefäß selbst aus dem Brunnen emporziehen, was eine große Mühe ist. Zweitens kann man sich eines Schöpfrades bedienen, wie ich es manchmal tat. Das ist schon weniger anstrengend und man hat mehr Wasser.«[51]

Solche Schöpfräder sind noch heute bei alten Brunnen in Spanien und anderswo zu bewundern. Zahlreiche Gefäße sind dem Rad entlang angebracht, die dazu dienen, dass eine größere Wassermenge, eben mehr zugleich gefördert werden kann, als wenn man nur einen einzigen Eimer zur Verfügung hätte.

Teresa kennt noch zwei weitere Möglichkeiten, den Garten zu befeuchten:

»Drittens kann man es aus einem Fluss oder Bach ableiten. Das ist sehr viel wirkungsvoller, denn die Erde wird besser

durchtränkt, und man muss nicht zu häufig bewässern, so dass dem Gärtner viel Arbeit abgenommen ist.«[52]

Die vierte Möglichkeit aber ist die beste, und sie ist geschenkt:

»Viertens, wir müssen überhaupt nichts mehr tun, weil der Herr kräftig regnen lässt. Und das ist unvergleichlich viel besser als alles zuvor Genannte.«[53]

Ehe ich auf die Bilder im einzelnen zurückkomme, möchte ich ein paar Sätze über das Wassersymbol als solches hinzufügen, wie Teresa es beschreibt:

»Wenn ich innere Vorgänge erklären will, so erscheint mir hierfür kein Bild so geeignet wie das des Wassers. Ungebildet und wenig begabt wie ich bin, bin ich eine große Freundin dieses Elements, das mir unter den Dingen der Natur am meisten bedeutet. Unser großer und weiser Gott hat ja in alle Dinge, die er schuf, tiefe Geheimnisse gelegt, aus deren Erkenntnis wir lernen können. Allerdings glaube ich, dass jedes von Gott geschaffene Ding unsere Erkenntnis übersteigt und handle es sich auch nur um eine kleine Ameise.«[54]

Besonders aber das göttliche Wasser aus der Quelle, von der wir sprachen, steigt aus den Tiefen auf und

»füllt erweiternd unser Inneres mit unbeschreiblichen Gaben, die größer sind als das Fassungsvermögen unserer Seele«.[55]

Das sind die Bilder, mit denen Teresa in die Kontemplation hineinleitet. Wir wollen versuchen, sie mit Erfahrungen aus dem eigenen Leben auszufüllen: Wenn man einen eigenen

Garten neu anlegt, vielleicht auf etwas vertrocknetem Land, wo man wenig Regen kennt, so müsste man nun mit dem Eimer zum Brunnen gehen, wo das Grundwasser gesammelt ist, sodann den Eimer tief hinunterbringen, um Wasser zu schöpfen und ihn dann wieder emporziehen. Es geht nicht anders, wenn der Garten erst angelegt wird und noch keine andere Bewässerungsmöglichkeit besteht. Teresa schildert diese Situation vor allem denjenigen, die es noch gar nicht gewohnt sind, einen Garten – also eine seelische Kultur – anzulegen und das Wasser dafür zu suchen. Sie müssen zu der tiefen Quelle, zu dem Brunnen, den es auch in ihrem Leben gibt, hingehen, und das macht Mühe, das Wasser aus der Tiefe emporzuziehen und auf das trockene Land zu tragen. Wenn wir also mit dem Anliegen eines inneren Gartens beginnen, so meint Teresa, werden wir vielleicht bald erleben dürfen, dass auch wir aus dem inneren Brunnen einen Eimer voll Lebenswasser heraufziehen können. Es wird anfangs schwierig sein, doch von Mal zu Mal besser gelingen: Was würden wir selbst uns wünschen, nun im übertragenen Sinne, aus den Tiefen des Lebenswassers schöpfen zu können?

Das zweite Bild legt uns nahe zu überlegen, ob vielleicht auch wir schon einmal so ein Schöpfrad einsetzen konnten. Indem wir öfter zu dem Grundwasser des Lebens gehen, finden wir von Mal zu Mal vielleicht Möglichkeiten, leichter heranzukommen, fruchtbarer zu schöpfen. Ein Anleitungsbuch, ja einen Menschen zu finden, der uns beim Wasserschöpfen begleitet, das hieße im symbolischen Sinne, solch ein Schöpfrad zu gewinnen.

Das nächste Bild empfiehlt uns eine Wasserleitung aus Bach oder Fluss heraus anzulegen, die das Wasser in unseren Garten führen kann: Dies wäre eine feste Verbindung zum »Wasser des Lebens«, von der uns wieder und wieder Zustrom kommt, auch wenn wir schon manche Erfahrung gemacht haben, so dass es nun immer leichter wird, solches Lebenswasser in unseren Garten einströmen zu lassen.

Im letzten Bild Teresas erleben wir einen Regen, den uns der Himmel schenkt, so dass uns an diesem Tag das Begießen des Gartens erlassen ist, und dass wir gar nichts dazu tun müssen, weil dieses Wasser ganz von selbst kommt, vom Himmel: es wäre ein Erlebnis von Geschenk und Gnade. So wie im Sommer nach einem heißen Tag ein Regenguss kommt, nach dem aus den Pflanzen und Blumen heraus, die sich plötzlich wieder aufrichten, ein intensiver Duft aufsteigt, nachdem sie unter der Hitze ein wenig darniederlagen. Alles ist erfrischt, alles duftet, und auch in uns selber richtet sich alles wieder auf. Vielleicht hat es das auch in unserem Leben gegeben, dass solch ein Regen fiel, dass die Bewässerung auf unser dürres Lebensland von selbst geschah? Dann erinnern wir uns hier daran.

Es ist dies eine der Anleitungen, in denen Teresa uns einlädt, mit der Quelle des Lebens wieder in Kontakt zu kommen: Ein Gartenbild mit einer solchen Quelle des Lebens, die dazu da ist, den Garten unserer Seele zu bewässern. Zunächst geht es darum, mit dem Eimer das Wasser aus dem Brunnen zu holen, sodann vielleicht, weil man das Schöpfen mit dem Eimer schon öfter geübt hat, ein Schöpfrad anzulegen, das bereits mehr herauffördert und auch leichter anzukurbeln ist. Schließlich geht es darum, aus einer größeren Quelle oder aus dem schon strömenden Wasser eines Baches oder eines Flusses Wasser herüberzuleiten in den Garten, Wasser, das ununterbrochen strömen kann. Und schließlich bleibt es uns, immer wieder auf Regen zu warten, zu dem man nichts tun kann, der dafür einfach überraschend und beglückend in unseren Garten fällt, ihn mit köstlichem Nass und Duft erfüllt.

In diesen Bildern webt gleichsam der Geist der Teresa von Avila. Es ist ein sehr weibliches Bild und Tun, dieses sich

Kümmern um den Garten, wenn auch den Männern nicht fremd – vor allem wenn es um das Anlegen von Schöpfrädern und Wasserleitungen geht. Sehr weiblich ist das Ganze auch in seiner Natürlichkeit, und dass es ohne Druck und Zwang erfolgt. Man muss Gartenarbeit auch nicht streng in dieser Reihenfolge tun. Man wird immer einmal wieder auch einen einzelnen Eimer voll Wasser holen, auch wenn man schon eine Wasserleitung hat, weil man das Wasser im Eimer leichter dorthin befördern kann, wo es gerade in diesem Augenblick am dringendsten gebraucht wird.

Und was mir auch wichtig ist bei der Eigenart der Teresa von Avila: Es geht bei dieser Übung nicht um letzte Dinge, nicht um transzendente Vorstellungen, wie wir sie als heutige Menschen vielleicht erwarten, die uns aber schwer zugänglich sind. Es sind vielmehr die Gaben dieses irdischen Lebens, die wir mit Gott und der Quelle dieses Lebens in Verbindung bringen. Nicht erst Christus-Erscheinungen, wie sie Teresa selbst gegeben waren, sind Lebenswasser für uns heutige Menschen, sondern auch die alltägliche Erfahrung, dass etwas, das wir wie einen Garten mit viel Geduld und unter vielen Hindernissen angelegt haben, dann auch bewässert und fruchtbar werden kann; dass etwas heilen kann, was uns lange zu schaffen machte, dass eine überraschende Begegnung geschehen kann, aus der wie von selbst Gutes erwächst. Alle diese Erfahrungen können unser heutiges Empfinden in Verbindung mit Gott bringen. Es war, wie gesagt, die Tragik der Zeit, in der Teresa lebte, dass man vielfach nur ein Entweder-Oder zwischen dem Zugang zu dem transzendenten Gott und den Gaben der Welt, den Gaben des Lebens kannte; dass man nur in asketischer Weltverachtung Gottverbundenheit erwartete. Teresa, diese leidenschaftliche Natur, die unter solcher Spaltung, wie wir sahen, besonders litt, hat uns vorgelebt, wie sie zu überwinden ist: Dass die Leidenschaft zu Gott die Leidenschaft zur Welt als seiner Schöpfung einschließt, so dass wir Leib und Seele wieder zusammenbringen. Teresa, die in ihrer sensiblen Konstitution die Auswirkung des Seelischen auf das Körperliche nur allzu gut kannte und zum Teil dramatisch erfuhr, suchte auch in ihrer Meditation und Kontemplation eine Form, die den Körper einbezog.

Wie führte nun der geistige Weg von der »Vida« bis zu ihrem reifsten Werk von 1577, der »Seelenburg« (Las moradas del Castillo interior, den »Wohnungen der inneren Burg«)?[56]

In einem Gespräch mit Pater Grazian über das »innere Gebet« klagt Teresa, dass sie sich jetzt nicht besser ausdrücken könne und fügt hinzu: »O wie gut war dieser Punkt doch in dem Buch über mein Leben erklärt, das der Inquisition vorliegt!«[57] Das war im Mai 1570 in Toledo. Noch immer lag ihre Lebensbeschreibung, die *vida,* ohne Echo bei der Inquisition. Als sie sieben Jahre später, am 5.11.1577, nach fünf Monaten des unermüdlichen Schreibens, trotz Ohrensausens und ständiger Unterbrechung durch andere Pflichten, ihr Buch, die »Seelenburg«, fertig zu stellen vermochte, entlockte ihr dies im Rückblick auf die *vida,* ihren Lebensbericht, einen Freudenruf: »Ich habe sichere Nachricht, dass Don Gaspar de Quivoga, der Großinquisitor von Toledo, dieses Kleinod – die *vida* – in Händen hat, und dass er voll Lobes darüber ist; er sagt, er werde es erst zurückgeben, wenn er es müde geworden sei. Käme er hierher, würde er ein anderes vorfinden, das es noch übertrifft, denn es ist darin nur die Rede vom »Ihm«. Die Ziselierungen und Farben sind dort noch feiner, denn der Goldschmied war noch nicht so erfahren, als er die erste Arbeit anfertigte. In diesem hier ist der Feingehalt des Goldes größer …, die Steine sind besser gefasst. Auf Geheiß des obersten Glasermeisters ausgeführt, nimmt es sich gut aus, wie man sagt …«[58]

Die dies niederschreibt, ist die Gleiche, die seinerzeit das Manuskript über die »Gedanken über die göttliche Liebe« auf ein Wort ihres Beichtvaters hin ins Feuer warf. Die Madre ist ihrer Botschaft und ihres Auftrags sicher geworden: »Demütig sein, heißt in der Wahrheit sein«[59], so bekennt sie in der »Seelenburg«.

Seelenburg ist ihre Metapher, ihr Symbol für die innerste bergende Wohnstatt des Menschen, in deren Mitte Gott selber wohnt. Zugleich ist diese Burg, wie gesagt, als eine Kugel aus Kristall vorgestellt, ein Ganzheits-Symbol, das jedoch differenzierte Wohnräume enthält, gemäß dem Wort Jesu: »In meines Vaters Haus sind viele Wohnungen…« Im Grunde geht es um nichts anderes, als den Zugang zu den Wohnungen der Seele, in der zugleich »Gott« wohnt, zu finden.

Diese Burg und ihre Wohnungen zu betreten, ist bei Teresa immer ein Geschehen zwischen dem sich sehnenden Menschen und dem ihm entgegenkommenden Gott. Nie löst sie diesen Freundschaftsverkehr, wie sie es nennt, aus der Gegenseitigkeit, so dass nur mehr Gott oder nur mehr die Seele betroffen wäre, immer ist es Kommunikation zwischen der Seele und Gott. Sie bedeutet nicht das Verhältnis des Knechtes, der Magd zum Herrn; auch nicht das des Kindes zum Vater, sondern das der Freundin zum Freund, die verantwortungsvoll miteinander das Wohl und Wehe der Welt bedenken – und das auf dem Höhepunkt der Kommunikation zur Kommunion, zur Liebesbegegnung werden kann.

Ich möchte versuchen, den Gang durch die sieben Wohnungen der Seele bei Gott als stufenweisen spirituellen Weg zu beschreiben, so wie ihn auch die jüdische Mystik kennt. Dabei will ich angesichts jeder der sieben Wohnungen die Bewegung der Seele zu Gott hin und die Bewegung von Gott her im Sinne Teresas zu beschreiben suchen, jeweils auch in der Symbolik, die sie selber wählt – und die ich vom Gartengleichnis her, das ich beschrieben habe, ergänze. Jeder Zugang zu einer neuen Wohnung schließt bei Teresa zugleich einen ethischen Impuls ein.[60]

So geschieht der Zugang zu der ersten Wohnung durch einen ersten Versuch zu beten, also mit dem Herrn des Seelenhauses in ein Gespräch einzutreten. Zuerst wird es mündliches Beten sein, ein Mitsprechen und Nachsprechen bereits formulierter Gebete, der Psalmen z.B., oder auch aktueller, von der Gemeinde formulierter Gebete im Gottesdienst. Durch dieses Mitbeten schwingen auch die Ungeübten, dem Beten Entfremdeten in ein Energiefeld des Glaubens mit ein. Die intensive, meditative Betrachtung spiritueller Texte, auch aus der Bibel, kann dazu hinführen, sich seiner Sehnsucht nach Transzendenz, nach Gott, bewusst zu werden. Ein neuer Blick auf sich selbst *sub specie aeternitatis* kann zugleich die eigene Verfassung in diesem Moment bewusst machen: die eigenen Grenzen, schattenhafte Seiten, eine gewisse Entfremdung von sich selbst und aller Transzendenzerfahrung.

Als Symbolik für diese ersten Wohnungen[61], in der Gottesferne und Gottessehnsucht zugleich bewusst werden, dient in der Symbolik des Seelengartens, dass er hier trocken da liegt, der erst kultiviert und begossen werden muss, durch mühsames Wasserschöpfen mit bloßen Händen aus dem Eimer.

Als ethischer Impuls folgt aus der Erkenntnis auch kritischer Seiten der eigenen Person, aus der Schattenerkenntnis gleichsam, eine Schattenakzeptanz, ein Ablegen von Arroganz in der Beurteilung seiner selbst und anderer, eine Einübung vielmehr der Bescheidenheit und der Wertschätzung anderer Menschen als Basis für den künftigen Weg durch die Seelenburg.

Die zweite Wohnung[62] öffnet sich, wenn wir erstes Vertrauen zu diesem Weg gewonnen haben: indem wir unseren Entschluss und Willen bekräftigen, den begonnenen Weg, der zugleich ein Individuationsweg ist, weiter zu beschreiten. Schon fällt es leichter, in Aufmerksamkeit bei sich selbst zu sein und dadurch auch in spiritueller Lektüre, in Meditation und Gebet länger zu verharren. Anfanghaft lässt sich die Nähe Gottes erspüren.

Die Symbolik für dieses Stadium ist das Schöpfrad, mit dem sich nun, wenn es angekurbelt ist, das Wasser leichter und sicherer in den Seelengarten leiten lässt als durch das Schöpfen Eimer für Eimer von Hand. Auch befördert es ein wesentlich größeres Quantum von Wasser.

Als ethischem Impuls entspricht der Entdeckung dieser zweiten Seelenwohnung eine spontane Freude an gutem, authentischen, nicht mehr egozentrischen Handeln und Denken. Dietrich Bonhoeffers Wort vom »Beten und Tun des Gerechten unter den Menschen« als einzig authentisches Handeln von Christen in der heutigen Welt, trifft hier zu: findet in diesem Raum seine Begründung, seine Bestätigung.

Beim Betreten der dritten Wohnung[63] gerät der Suchende, der Sehnsüchtige, nach Teresas Erfahrung in eine erste schwere Krise, wie sie alle Lebensübergänge kennzeichnet: Das bedeutet, dass der Betreffende in einen Lebensübergang geraten ist, dass es gilt, eine Schwelle zu überschreiten.

Was geschieht einem hier? Es ist wohl dies, dass das mündliche Gebet, die bisherigen Formen von Betrachtung und Meditation auf einmal nicht mehr greifen, sondern ins Leere zu gehen scheinen. Die letzthinige Unerfahrbarkeit Gottes wird spürbar, drängt sich ernüchternd und verzweiflungsvoll auf. Auf diesem Wege hält nur durch, wer davon ablassen kann, eine spürbare Erfahrung Gottes erzwingen zu wollen.

In einer plötzlichen Unfähigkeit zum Gebet – die nach Teresa von Gott selbst mitbewirkt sein kann – soll uns die bisherige Abhängigkeit von allzu menschlichen Gottesvorstellungen bewusst werden, zum Beispiel die Abhängigkeit von besonderen Belohnungen und Erfüllungen durch Gott, die man durch das Gebet in der bisherigen Art erhoffte. Es geht darum, sich davon zu lösen.

Als Symbolik bietet sich die Vorstellung vollständiger Trockenheit im Seelengarten an, weil die richtige Wasserzufuhr nicht mehr gewährleistet ist, weil man sich zu weit von der eigentlichen Quelle entfernt hat.

Die Krisensituation in der dritten Wohnung löst den inneren Wunsch und ethischen Impuls aus, sich zu bescheiden und *humilidad*, also Einfachheit, Schlichtheit und Echtheit als wahre Werte zu entdecken. Auch ohne besondere gefühlsmäßige Motivation gilt es, sich durch gutes solidarisches menschliches Handeln im Alltag zu bewähren, die Mitmenschen wertzuschätzen, anstatt sie belehren oder gar bekehren zu wollen.

Nach der Übergangskrise in der dritten, kann beim Betreten der vierten Wohnung[64] eine deutliche Befreiung erfolgen. Hier giert man nicht mehr nach Tröstungen, vielmehr ist das Bewusstsein, im Gegenüber zu Gott zu stehen, hier Trost genug. Das gelegentliche Vagabundieren des Verstandes kann einen nicht mehr hindern, dennoch unentwegt zur Konzentration und Kontemplation zurückzukehren. Es geschieht eine stille Ausrichtung des Inneren auf die Impulse des tieferen Selbst und darüber hinaus auf die Impulse Gottes.

Zum ersten Mal wird »der Seelengrund« hier in der vierten Wohnung erfahren als die Quelle des Lebens, was ein Gefühl von Freiheit, Zuversicht und Kraft auslösen kann. Unerwartete Beglückungen stellen sich ein, wenn der Mensch zu sich kommt, wenn er zugleich erfährt, dass sich ihm Gott zu schenken beginnt.

Als Symbolik bietet sich für dieses Stadium Teresas Vorstellung an, dass nun eine Wasserleitung durch Bach oder

Fluss direkt in den Seelengarten geleitet werden könne, dass für den Brunnen gleichsam die Quelle zu sprudeln beginnt.

Als ethischer Impuls zeigt sich eine Freude daran, sich formen zu lassen durch bewusste innere Arbeit, durch spirituelle Kontemplation und, hieraus entspringend, ein aktives Handeln in der Welt im Dienste der Gerechtigkeit.

Die fünfte Wohnung[65] erschließt sich, wenn wir das Loslassen lernen, das *desasismiento.* Es besteht darin, nicht länger festhalten zu wollen, was auch immer an die Welt bindet, sich zeitweilig der Welt entsinken zu lassen in der immer engeren Verbindung zu Gott: Das ist das Geheimnis der fünften Wohnung der Seelenburg.

Die Kontemplation als Versenkung in Gott kann hier so tief werden, dass Atem und Kreislauf zeitweilig nicht mehr bewusst wahrgenommen werden.

Nun sind wir so weit, die innere Sammlung auch mitten im Alltag erleben zu können, nicht nur zu ausgesonderten Gebetszeiten – so wichtig für Teresa auch die Möglichkeit zum Rückzug durch geordnete Gebetszeiten ist. Doch besteht jetzt ist eine Einübung, die von vorgegebenen Zeiten und Strukturen unabhängig macht. In dieser Phase kann, im Vergleich zum »Geschmack der Süeze Gottes«, die man hier immer wieder kostet, die Alltagswirklichkeit der Welt auf einmal schal erscheinen und gelegentlich ein Welt-Ekel aufkommen.

Der ethische Impuls, der vom spirituellen Raum der fünften Wohnung ausgeht, ist, wie gesagt, die Sehnsucht, alles loslassen und sich allein auf Gott ausrichten zu können: Nächstenliebe fällt in diesem Stadium leicht, da ein Bedürfnis entsteht, auch sich selbst loszulassen, zumindest das Kreisen um sich selbst zu beenden.

Als Symbolik bietet sich die Vorstellung an, »einen Bach oder gar einen Fluss direkt in den Seelengarten einleiten zu können«. Es kann aber ebenso gut das bescheidene Bild einer Raupe sein, die ihr bisheriges Sein als Raupe lässt und sich einspinnt, um ein Schmetterling werden zu können. Es handelt sich noch immer um ein Durchgangs-Stadium, da sie nicht im gleichen Moment eine Raupe und ein Schmetterling werden kann.

In der sechsten Wohnung[66] können wir ein letztes Mal leidvoll erleben, wie sich die Spannung der menschlichen Existenz, letztlich verpuppt und eingesponnen unentschieden zwischen Himmel und Erde zu hängen, – Teresas Lebensthema! – bis hin zu schwerem Zweifel an Gottes Dasein und zur »Gottverlassenheit« steigern kann: So nahe am Ziel, nach so vielen beglückenden Momenten, kann Verzweiflung an der Unlösbarkeit der menschlichen Situation und Kondition aufkommen, zwischen Gott und der Welt ausgespannt zu sein, ohne sich für einen der Pole entscheiden zu können. Die ungeheure Spannung im Menschen kann psychische und transpersonale Phänomene auslösen: Visionen, Ekstasen, Entrückungen – Entgrenzungs- und Depersonalisations-Phänomene, die man – nach Teresa – »weder absichtlich widerrufen, noch absichtlich aufheben könne und solle. Beim Stillhalten trotz all dieser Krisen wird Gott selbst die Spannung aufheben«, so die Erfahrung Teresas.

In immer neu geübter Sammlung und Kontemplation können wir Menschen der zerreißenden Spannung standhalten, die bei Teresa immer auf Christus, der dieses Leiden kannte, ausgerichtet bleiben.

Das Symbol hierfür ist das Kreuz: »Mein Gott, warum hast du mich verlassen!«

In diesem Stadium, in dem der Mensch sowohl zu Depressionen wie zur Hybris neigt und verführt werden kann, kommt es darauf an, Bescheidenheit und *humilidad* zu erfahren und zu bewahren, in dem Wissen, dass der Prüfstein für alles vor Gott allein die Fähigkeit zur Liebe ist; »auch wenn es Nacht ist« (Johannes vom Kreuz).

In der siebten Wohnung[67] schließlich vermag der Mensch – jenseits von Hybris und Depression – nun endlich ein einfacher, ein ganzer Mensch zu werden, nicht mehr und nicht weniger als er ist – und er wird es zugleich für die Mitmenschen und die Mitgeschöpfe. Gegen alle äußeren Widerstände vermag er Gerechtigkeit und Liebe zu setzen. Nicht mehr die Widerstände schmerzen ihn nun, nur noch die Erfahrung seiner Grenzen: zu klein zu sein, um alle erfahrene Liebe aufnehmen und weitergeben zu können..

Für dieses Stadium kann nur die eine Vorstellung noch Symbol sein: dass der Regen vom Himmel kommt, ohne alles Zutun, und dass dadurch der Garten der Seele von selbst überströmend bewässert wird.

Ein anderes Bild Teresas ist das vom Liebespfeil Gottes, der die Seele trifft und der, von der Seele zu Gott zurückgesandt, auch diesen zu treffen, zu betreffen, ja um seiner Liebe zum Menschen willen, sogar zu verwunden vermag.

Der Seele kann auf dieser Stufe die bildlose Schau des Göttlichen, transpersonal und transzendent zuteil werden. Es geht ihr hier nicht mehr ums eigene Heil, sondern darum, am Leben und der Liebe Gottes selbst teilzuhaben und dessen Verantwortung an der Welt mitzutragen. In der *unio mystica*, die sich hier ereignen kann, sind Glück und Schmerz, wie in jeder tiefen Liebe, ineinander verwoben und ineinander aufgehoben.

Die siebte Wohnung eröffnet den Lebensraum innerer Freiheit, von der Teresas kühne Schau von Anfang an durchatmet ist.

Hier ist der eigentliche Ort des Textes, der sich nach ihrem Tod in ihrem Gebetbuch fand, ein innerer Zuspruch:

»Nada te turbe
nada te espante
todo se pasa

Dios nos emuda
la paciencia
todo lo alcanza

quien a Dios tiene
nada le falta
solo Dios, basta«

»Nichts soll dich verwirren
nichts soll dich beirren
alles vergeht

Gott wird sich stets gleichen
Geduld kann erreichen
was nicht verweht«

Und für die letzten drei Zeilen erlaube ich mir eine eigene Übersetzung:

»Wen Gott erwählt
hat nichts, was fehlt
Gott ist's, der zählt. Basta«

Viertes Kapitel

Compassio: eine Mystik des Mit-Leidens

Edith Stein (1891–1942)

Der deutschen Philosophin mit jüdischen Wurzeln, Edith Stein, die sich bis zu ihrem 25. Lebensjahr ausdrücklich als Atheistin verstand, fiel während eines Besuchs bei ihrer Freundin Hedwig Conrad-Martius der Lebensbericht (die »vida«) und auch die Hauptschrift (»Die Seelenburg«) der Teresa von Avila in die Hand. Sie las die ganze Nacht hindurch, konnte sich von der Lektüre nicht mehr losreißen und sagte am Morgen: »Das ist wahr. Das spüre ich.« Die Lektüre der Begegnung mit Teresas Spiritualität hat Edith Steins geistigen Weg gewendet.

Dass es nach einem »übernatürlichen Gebrauch des Leidens« trachte, dies mache die Größe des Christentums aus. Diesen Gedanken, den Simone Weil formuliert hat, macht sich Edith Stein in ihrer geistigen Entwicklung zutiefst zu Eigen. Simone Weil, die eine Schwester Edith Steins sein könnte, Zeitgenossin, Philosophin und Jüdin wie sie, formuliert diesen Gedanken angesichts der Schrecken der Hitlerzeit.

Das Christentum also habe seine Größe darin, dass es »nach einem übernatürlichen Gebrauch des Leidens« trachtet. Diese Überzeugung, die für beide zur Basis eines Mit-Leidens wurde, besiegelten beide mit der Hingabe ihres Lebens. Simone Weil, die Französin, starb an den Hungerrationen, über die hinaus sie aus Solidarität mit den in Frankreich verbliebenen Juden nichts mehr zu sich nahm. Edith Stein, die Deutsche, starb in Auschwitz als Jüdin und als Karmelitin, als Glied des Ordens, der von Teresas Geist am tiefsten geprägt war. Als der Abtransport durch die NS-Schergen begann, nahm Edith Stein ihre verstörte leibliche Schwester Rosa, die gemeinsam mit ihr abtransportiert werden sollte, bei der Hand, mit den Worten: »Komm, wir gehen für unser Volk.« Mitleiden, Mittragen am Leid, aber auch an der Berufung des jüdischen Volkes als »Gottesvolk«, am Leid und der Schuld aber auch des deutschen Volkes, dem sie sich selbstverständlich zugehörig wusste, wurde ihre Weise der Mystik, die *compassio*. Gott möge, so bittet sie, ihr Leben und Sterben annehmen »für die Rettung Deutschlands und für den Frieden der Welt«.[1]

Mitzutragen wie Christus am Leid und an der Schuld der Menschen, vor Gott und mit Gott, das war ihre Losung, das war ihre Mystik. Sie erlebte es als befreiend für sich selbst und für andere. Durch diese Einstellung vermochte sie das Leiden zu verwandeln, stellte es in einen neuen Bezug, in Bezug zur Transzendenz.

In einem ähnlichen Sinn verstand ihr Zeitgenosse Dietrich Bonhoeffer, der auch dem Hitler-Regime zum Opfer fiel, das Mit-Leiden, der in einem Gedicht einmal sagte: »Christen stehn bei Gott in seinem Leiden.«[2] Es sei das Charakteristische am Christ-Sein, so meinte er, zu Gott in dessen Leiden zu stehen, an dessen Leiden teilzuhaben, nicht nur wie viele, vielleicht alle Menschen, mit ihrem Leiden zu Gott zu gehen. Dass Gott leidet, wenn Menschen leiden, ist tiefe Überzeugung der Christen, die diesen Gedanken am Weg Christi selbst ablesen. Edith Stein wurde von dieser Vorstellung tief bewegt. Mit ihr lernen wir eine Mystik des Leidens kennen, die nicht eine Mystik des gesuchten Leidens ist, die es allerdings auch in der Geschichte der Christenheit gab, sondern ein Annehmen des Leidens, das uns als Schicksal geschickt ist.

Simone Weil wie Edith Stein und auch die Berliner Dichterin Gertrud Kolmar, Zeitgenossin und Jüdin wie sie, hatten darin ihr Gemeinsames, dass sie ihr Schicksal nicht aus der Hand der NS-Schergen entgegennahmen, die es ihnen konkret bereiteten, sondern aus ganz anderen, größeren Händen. Getreu der jüdischen Glaubenstradition, die auch der große jüdische Philosoph Spinoza noch kannte und hinter sich wusste, als er seinen Gedanken des *»amor fati«* entwickelte, einer »Liebe zum Schicksal«, in der der Mensch sein Schicksal, und sei es noch so schrecklich, annehmen könne, letztlich wieder in der inneren Freiheit, die wir bei Marguerite Porète kennen lernten.

Bei Edith Stein, die auf dem Hintergrund dieser großen philosophisch-mystischen Tradition des Judentums stand, kam seit ihrer Teresa-Lektüre noch etwas Weiteres hinzu: ein mystisch durchseelter christlicher Glaube, eine »Kreuzesmystik« vielmehr, wie sie selber es nannte, »Kreuzeswissenschaft« im Sinne dieses »Wissens um das Kreuz«. So lautet auch der Titel ihres bedeutenden Buches über Johannes vom Kreuz, den Gefährten der Teresa von Avila, das sie in den letzten Jahren ihres Lebens schrieb: »Kreuzeswissenschaft«- Was mag darunter zu verstehen sein, einer »Kreuzeswissenschaft«? Ich meine nicht, dass es leicht aufzufassen sei, auch für mich nicht. Für Teresa ist es der stimmige Ausdruck für das, worin sie künftig leben und was sie tief erfahren möchte: eine »Kreuzesmystik«. Wählte doch Edith Stein bei ihrem Eintritt in den Karmel im bewussten Anschluss an Teresa von Avila und Johannes vom Kreuz den Namen »Teresa Benedikta vom heiligen Kreuz«, die »vom Kreuz gesegnete Teresa«. Es bestand im Karmel der Brauch, solch einen Zusatz zum Rufnamen zu wählen: »Der tiefste Sinn ist aber doch wohl der, dass wir eine persönliche Berufung haben, im Sinn bestimmter Geheimnisse zu leben.«

Edith Stein, zunächst aus einer ganz anderen Schulung kommend, habilitierte Philosophin, persönliche wissenschaftliche Assistentin des bedeutenden Philosophen Edmund Hussert, die sich über Jahre hin als bewusste Atheistin verstanden hatte, schrieb im Jahr 1941 in ihrer Studie über Johannes vom Kreuz: »Eine ›*sciencia crucis*‹, also ein Wissen um das Kreuz, kann man nur gewinnen, wenn man das Kreuz gründlich zu spüren bekommt. Davon war ich vom ersten Augenblick an überzeugt und habe von Herzen gesagt: ›*Ave cruce spes unica*‹, »sei mir gegrüßt Kreuz, meine einzige Hoffnung«[3]. Was sie damit meint, müssen wir gründlich bedenken.

Begrüßt sie »im Kreuz« das Leiden als solches? Wie gesagt, manche Christen meinen, eben dies tun zu sollen. So ganz freiwillig tut es wohl niemand. Doch was nicht gemeint ist von Edith Stein, ist jene seltsame Verquältheit, die meint, das Leiden selber sei schon mehr, sei auszeichnender als ein ausgeglichenes Leben. Nichts weist darauf hin, dass für Edith Stein jenes Denken eine Versuchung gewesen wäre. Sie begrüßt das Kreuz, aber als Kreuz begrüßt sie nicht das selbstgewählte, sondern das ihr zugeschickte, von ihrem Gott gegebene, das sie als Möglichkeit zu transzendierendem Umgang versteht: zur Transformation, zur Co-Passion mit Christus, zur Mit-Passion. Es kann dies für sie zur einer »erlösenden« Mit-Passion werden, weil sie es in ein Mit-Sein, ein Mit-Leiden mit dem leidenden Gott, Christus, verwandeln kann. Und kommt ins Stammeln angesichts der Größe und Paradoxie einer solchen Vorstellung, auch sie tut sich schwer damit, dies auszudrücken. Auch sie verbindet das Leiden mit solcher inneren Freiheit, wie wir sie bei Marguerite Porète schon kennen gelernt haben, in der man das Leiden nicht von dem annimmt, der es einem konkret zufügt, sondern aus einer größeren Hand, die auch die kleinen Menschen, die es einem zumuten, mitumfasst, so dass es dadurch ein anderes, ein verwandelndes Leiden wird: »Nicht die menschliche Tätigkeit kann uns helfen, sondern das Leiden Christi. Daran Anteil zu haben, ist mein Verlangen.«[4] »Unter dem ›Kreuz‹ verstand ich das

Schicksal des Volkes Gottes, das sich damals schon anzukündigen begann«, so schreibt sie selbst. »Ich dachte, die es verstünden, dass es das Kreuz Christi sei, die müssten es im Namen aller auf sich nehmen.«[5]

Zunächst möchte ich den Lebensweg der jüdischen Frau Edith Stein etwas näher verfolgen. Je näher man zeitlich an unsere Gegenwart rückt, desto mehr kann man auch auf gesicherte biografische Daten zurückgreifen. Vieles von dem, was sie durchlitten hat, ist in einer Zeit geschehen, die einige von uns noch selbst miterlebt haben. Dies alles ermöglicht eine besondere Art der Einfühlung.

Edith Stein ist das elfte Kind einer machtvollen jüdischen Mutter. Sie entstammt einer gebildeten Kaufmannsfamilie aus Breslau, wo die Familie zu der Zeit lebt. Edith Steins väterliche Familie kommt aus Oberschlesien, ihre mütterliche aus Polen. Eine besondere Verbundenheit mit der jüdischen Tradition kennzeichnet ihren Urgroßvater mütterlicherseits, der Kantor und Vorbeter seiner jüdischen Gemeinde war. Edith Stein schreibt über ihre Großeltern: »Die Kinder liefen in ihren kleinen Nöten damals eher zum warmherzigen Vater, ihrem Großvater, aber zur Großmutter liefen sie – und nicht nur die Kinder – wenn sie in ärgsten Nöten waren. Und da kamen nicht nur der Mann und die Kinder, sondern viele Freunde und auch die adligen Damen aus den großen Gütern der Umgebung.«[6] Ediths Großmutter scheint eine zarte, aber von allen Seiten hochgeachtete Frau gewesen zu sein, eine weise Frau. Sie war von einem gewissen Ernst, einer gewissen Strenge, so dass die Kinder nicht einfach mit irgendetwas zu ihr liefen.[7] Der Großvater[8] dagegen scheint wegen seiner unbegrenzten Gastfreundschaft und Gebefreudigkeit in ganz Oberschlesien bekannt gewesen zu sein, vor allem aber bei den Bauern der Umgebung.

Edith Steins Elternhaus vermittelte ihr eine religiöse jüdische Erziehung und war im jüdischen Brauchtum durchaus noch verwurzelt. Am Freitagnachmittag, zum Beginn des Sabbat, wurden alle Kinder, die zu Hause waren, von den Eltern zusammengerufen, um mit ihnen den Einzug der »Braut Sabbat« zu feiern., nicht ohne es ihnen auch zu erklären.[9] Edith Stein erzählt von den Vorbereitungen auf die großen jüdischen Feste, die immer schon am Vorabend beginnen. Am stärksten war sie vom Seder-Abend am Vorabend zum Passah-Fest beeindruckt: »Wir freuten uns auch auf die Abende und die feierliche Speisefolge und die vielen Gebete. Ich, als Jüngste, hatte dabei eine besondere Rolle.« Die Lithurgie des Seder-Abends enthält nämlich eine Reihe von Fragen, in denen das jüngste Kind sich erkundigt, – es geschieht in einer lithurgisch festgelegten Fragefolge – warum an diesem Abend alles so anders sei, als an allen anderen Abenden. Und der jeweilige Hausherr antwortet darauf und erklärt, dass das alles an dem befreienden Auszug Israels aus der ägyptischen Knechtschaft damals erinnere, wo sie in der Eile des Aufbruchs ungesäuertes Brot nehmen mussten – so wie es auch an diesem Abend gereicht wurde. Da wird die große jüdisch-biblische Glaubenstradition lebendig, die bezeugt, dass da ein Gott sei, der einen auch aus einer unendlich beengten Situation herausrufen könne. Das jüngste Kind durfte in diesem Sinne immer weiterfragen, und der Hausherr, gewöhnlich der Vater, antwortete darauf.[10]

Ediths Vater konnte allerdings nicht mit ihr Seder feiern, sie hatte ihn nicht einmal kennen lernen können, da er unmittelbar vor ihrer Geburt verstorben war. Als Handelsreisender, derzeit in einem der heißesten Länder, hatte ihn ein Hitzschlag getroffen, dem er erlag. Edith ist das letzte der Kinder in einer Geschwisterreihe von elf, wobei aber vier der Kinder bald nach der Geburt verstorben waren. Es lässt sich denken, was Mutter Stein, die diese Verluste erlitten hat, innerlich zu tragen hatte. Da der Vater fehlte, ersetzten die beiden älteren Brüder Ediths die Vaterrolle bei den Seder-Ritualen. Die religiös sensible Edith war jedoch nicht ganz zufrieden mit der Art und Weise ihrer Brüder, diese Feiern zu gestalten, deren Andacht habe der Feierlichkeit der Handlung nie ganz entsprochen.[11]

Die wichtigste Gestalt in Ediths Kindheit war natürlich die Mutter.[12] Alle Wärme und alles Leben im Haus sei von ihr ausgegangen, einer starken, vom biblischen Glauben erfüllten Frau. Daneben steckte eine tatkräftige Geschäftsfrau in ihr, die nach dem Tod des Vaters, entgegen dem Abraten der ganzen Verwandtschaft, dessen verschuldetes Geschäft, eine Holzhandlung, übernahm, und es schaffte, sie so weit wieder in die Gänge zu bringen, dass sie von dem Gewinn, den es abwarf, den Töchtern ein Studium ermöglichen konnte.

Am meisten von allen habe Edith das Versöhnungsfest bedeutet, an dessen Vorabend sie auch geboren war. Sie beschreibt es so: »Obwohl ich die Leckerbissen der anderen Feste keineswegs verschmähte, hat es mich doch immer besonders angezogen, dass man bei diesem Fest vierundzwanzig Stunden und länger keinen Bissen und keinen Schluck zu sich nahm. Und ich liebte es mehr als alle anderen. Es war ein so interessantes, ein so radikales Fest. Am Vorabend musste man das Nachtmahl schon am hellen Tag einnehmen, denn, wenn der erste Stern am Himmel stand, begann der Gottesdienst in der Synagoge. An diesem Abend ging nicht nur meine Mutter hin, sondern auch die großen Schwestern begleiteten sie und auch die Brüder betrachteten das als Ehrenpflicht. Die herrlichen alten Melodien des Abends lockten oft sogar Andersgläubige mit in unseren Gottesdienst. So der Vorabend. Und am Versöhnungstag selber nahm die Mutter zärtlich Abschied von allen Kindern und blieb den ganzen Tag ohne Speise in der Synagoge.« [13] Ist es nicht eindrucksvoll, dass eine Mutter so vieler Kinder sich erlaubt und zugesteht, einmal etwas ganz für sich zu tun und einen Tag lang mit ihrem Gott allein zu sein?

Edith Stein hat ihr Judentum immer bewahrt, auch als sie schon der katholischen Kirche angehörte. Am 6. März 1932 schreibt sie einen offenen Brief an den damaligen Bischof von Innsbruck/Feldkirch, Sigismund Waitz, im Blick auf eine antijüdische Veröffentlichung, die dieser damals zu verantworten hatte: »Etwas schmerzlich berühren mich hier gelegentliche Bemerkungen über das Judentum. Wenn man im Judentum geboren und aufgewachsen ist, kennt man seine hohen menschlichen und sittlichen Erbwerte, die dem Außenstehenden oft verborgen bleiben.«[14] Schon um 1932 begann sich der rassistische Ungeist in Deutschland und Österreich auszubreiten. Nach dem endgültigen Ausbruch der Hitler-Diktatur schreibt sie an keinen Geringeren als an Papst Pius XI., er möge eine Enzyklica zum Schutz der Juden herausbringen.[15] Auch wenn diese Eingabe vergeblich blieb, nehmen wir doch ihren Mut zur öffentlichen Stellungnahme wahr. Sie ist damals keine unbekannte Frau mehr.

Ihre unverbrüchliche Verwurzelung im Judentum jedoch verdankt sie ihrer Familie, bei der sie in einer lebendigen Tradition aufwachsen konnte. Im Jahr 1933 begann sie, ihre Lebenserinnerungen niederzuschreiben[16], nachdem sie, wie alle verbeamteten Juden damals ihren Arbeitsplatz an einer wissenschaftlich-pädagogischen Einrichtung verlor. »Die letzten Monate«, schreibt sie, »haben die deutschen Juden aus der ruhigen Selbstverständlichkeit ihres Daseins herausgerissen. Sie sind gezwungen worden, über sich selbst, ihr Wesen und ihr Schicksal nachzudenken.«[17] Dieser Niederschrift verdanken wir nicht zuletzt die lebendigsten Einblicke in Edith Steins Kindheit und in jüdisches Familienleben überhaupt, soweit es noch an die Tradition gebunden gelebt worden ist.

In diesem Zusammenhang teilt Edith Stein auch ein Gebet ihrer Urgroßmutter mit: »Herr, schicke uns nicht so viel, wie wir ertragen können.«[18] Da spürt man auch etwas sehr Starkes. Diese Frau weiß, wie viel sie ertragen kann, so viel, dass es ihr bange wird bei dem Gedanken, dass Gott dies bis zum Äußersten erproben würde.

Doch nun zu Edith selbst. Nach ihrer eigenen Darstellung war sie in ihren ersten sieben Jahren »ein quicklebendiges, naseweises, von Zornausbrüchen heimgesuchtes Kind«[19] gewesen. Von den älteren Geschwistern verwöhnt, beginnt es bald, überall mitzureden. Es folgt aber eine stillere, in manchem übersensible Phase, in denen sie z. B. auf ein ungutes Wort, das sie nicht verkraftet, so stark reagiert, dass sich Fieberanfälle einstellen.[20] Sie hat offenbar ein überfeines Empfinden für Gerechtigkeit, ist aber auch in ihrem Selbstwertgefühl treffbar. Die Jüngsten einer Familie haben oft ein schwieriges Selbstwertgefühl, einerseits ein sehr hohes, weil sie vielfach verwöhnt werden, dabei aber auch ein angreifbares, weil sie sich immer der Rücksicht bedürftig, weniger entwickelt und weniger erfahren als die Älteren fühlen.

Sehr früh, gleich zu Schulbeginn, erwacht in ihr ein großes Verlangen nach Wissen, nach selbständigem Denken, nach Unabhängigkeit von Regeln und Zwängen. Sie geht gerne zur Schule, fühlt sie sich dort doch ernster genommen als zu Hause, wo sie immer die Kleinste bleibt. So fällt sie in der Schule durch Begabung und Eifer auf. Sie schreibt: »Ich war eine übereifrige Schülerin. Ich konnte mit hochgerecktem Zeigefingerchen bis zum Katheder vorhüpfen, nur um dranzukommen.«[21] Während der ersten Schuljahre muss man sie sich so vorwitzig und munter vorstellen. Doch auch hier kennt sie Empfindlichkeit, wenn sie sich ungerecht behandelt fühlt und neigt zu Fieberanfällen.

Sie bekennt sich auch zu ihren Ideen: »In meinen Träumen sah ich mich damals immer in einer glänzenden Zukunft. Ich träumte von Glück und von Ruhm und war überzeugt, dass ich zu etwas Großem bestimmt sei und die engen bürgerlichen Verhältnisse, in denen ich geboren war, nicht zu mir gehörten.« Von solchen Träumen aber sprach sie zu den anderen ebenso wenig, wie von den Ängsten, die sie damals auch kannte: »Man merkte nur, dass ich verträumt war«, schreibt sie, »und schreckte mich oft auf, wenn ich nicht merkte, was um mich herum vorging.«[22] Sie war offensichtlich ein Kind mit reicher Phantasie.

Als die Zehn- und Elfjährige mehrere Todesfälle in der Verwandtschaft erlebte, auch Selbstmord nach einem geschäftlichem Konkurs, begann sie sich mit der Wirklichkeit des Todes stark zu beschäftigen, ähnlich wie wir es bei Teresa sahen. Das jüdische Begräbnis-Ritual konnte ihr nicht genügend Trost geben: »Ein schrecklicher Anblick war es immer, wenn die Träger am Schluss der Leichenfeier den Sarg aufhoben und ihn hinaustrugen. Dann kam wieder etwas Fürchterliches: das Herablassen des Sarges und das dumpfe Aufstoßen, wenn er den Grund erreicht hatte. Dagegen empfand ich es als tröstlich, wenn ich an die Reihe kam, drei Schaufeln Erde hinabzuwerfen. Das war so wie ein letzter Gruß.«[23] Edith hatte ihre Mutter seit dem Tod des Vaters immer in schwarzen Kleidern gesehen. Es lastete auch etwas Bedrückendes über dem Mädchen. Frühe Ängste vor dem Tod und vor Verlust waren genährt worden und bewirken eine Erschütterbarkeit ihres Lebensvertrauens und auch des Vertrauens zu sich selbst, ähnlich wie bei Teresa, nachdem auch diese ihre ihre Mutter sehr früh verloren hatte.

Mit fünfzehn setzte bei Edith eine markante Entwicklungskrise[24] ein. Es erscheint so, als sei eine zerreißende Spannung in ihr gewesen, und zwar zwischen ihrer ehrgeizigen, intellektuellen und auch narzisstischen Seite einerseits und einer Sehnsucht nach selbstvergessener Hingabe andererseits, einem Dienst direkt am Menschen. Und da passierte etwas, was für die Entwicklungskrisen dieses Alters nicht ganz untypisch, bei ihr, mit ihrer Lernfreude, jedoch etwas sehr Unerwartetes ist: die bis dahin begeisterte Schülerin bekundet plötzlich, dass sie alles Lernen satt habe. Auch angesichts ihrer entsetzten Mutter, die Großes von ihr erwartet hatte, lässt sie sich nicht davon abhalten, die Schule abzubrechen. Sie denke gar nicht daran, Abitur zu machen, lässt sie verlauten. »Über meine Zukunft dachte ich nicht nach, aber ich lebte weiter in der Überzeugung, dass mir Großes bestimmt sei.«[25] Stattdessen zieht sie zu ihrer älteren Lieblingsschwester nach Hamburg[26], die eben ihr zweites Kind geboren hat. Es ist auch ein Schritt in die Autonomie für Edith, weg von der dominierenden Mutter und deren Vorstellungen. Diese Mutter muss in der Tat sehr stark und einflussreich gewesen sein. Wir hören später noch davon, wie Edith vor den Reaktionen ihrer Mutter darauf bangt, dass sie zum Katholizismus übergetreten und gar ins Kloster eingetreten ist. Mehr als Mutters Widerstände jedoch fürchtet Edith, dass jene an dem zerbrechen könnte, was sie doch als Verrat am jüdischen Glauben verstehen musste.[27]

Die mit einem Arzt verheiratete Schwester Else in Hamburg ist indessen herzlich froh über die Hilfe ihrer fünfzehnjährigen Schwester, die mit ihren noch sehr kleinen Kindern, vor allem mit dem Säugling, sehr gut und verantwortungsbewusst umgehen kann. Niemand weiß allerdings, wann Edith einmal wieder zu ihrer Mutter nach Breslau zurückkehren würde. Edith liest nebenbei viel aus der Bibliothek ihres ärztlichen Schwagers, vieles, das nicht für ihr Alter bestimmt ist, weniger Sexuelles als vielmehr Religiöses und Philosophisches, das über ihren damaligen Horizont hinausgegangen sein mag. Sie gerät darüber in eine religiöse Krise, kann ihre bis dahin unhinterfragte Vorstellung von Gott nicht aufrechterhalten. Das Gottesbild entzieht sich ihr. Und sie ist viel zu aufrichtig, um sich dabei irgendetwas vorzumachen, auch wenn sie das alles recht erschüttert. Sie schreibt: »Hier habe ich mir das Beten ganz bewusst und aus freiem Entschluss abgewöhnt.«[28] Es ist für sie unmöglich, sich an jemanden oder etwas, an dessen Existenz sie gar nicht mehr glauben konnte, betend zu wenden. Ihren verlorenen Glauben zu kaschieren und dabei doch an irgendwelchen liebgewordenen religiösen Bräuchen festzuhalten, liegt ihr erst recht nicht. Ihre Radikalität und Redlichkeit in letzten Fragen tritt hier zum ersten Mal klar in Erscheinung. Vom fünfzehnten Lebensjahr an bis weit in ihre Zwanziger hinein versteht sie sich eindeutig als Atheistin. Ihre Mutter und ihre Familie kann sich in dieser Hinsicht in Edith überhaupt nicht mehr einfühlen. Auch dieser Schritt von ihr aber spricht dafür, dass es psychologisch um eine Ablösung von ihrer Mutter und deren mächtigen Traditionen geht.

Als Edith wegen der schweren Erkrankung eines ihrer Lieblingsneffen, eines kleinen Buben, endlich von Hamburg nach Breslau zurückkommt, wird sie von ihrer Schwester Frida ganz von oben herab empfangen. »Wir haben gesagt, wenn sie jetzt nicht kommt, dann ist sie nicht unsere Schwester«, was Edith kommentiert: »Das berührte mich peinlich, und ich zog mich gleich wieder in mich selbst zurück.«[29] Allerdings erlebt sie hier ihre Mutter wieder in all deren ursprünglicher Weitherzigkeit, erlebt sie auch als eine feine Pädagogin, die ihr völlig unaufdringlich und großzügig begegnet und sie in keiner Weise drängt, wieder zur Schule zu gehen, ihr aber gleichzeitig die Möglichkeiten verschafft, sich privat den Stoff anzueignen, der für das Abitur notwendig werden könnte.[30] Und plötzlich erwacht in Edith Stein wieder die Begeisterung für das Lernen, vielleicht gerade daran, nun völlig selbständig das Abitur anzusteuern. Sie spürt ihre alte Begeisterung.[31] Schließlich tritt sie auch wieder ins Gymnasium ein und macht 1911 ihr Abitur, mit Auszeichnung. Edith beweist, dass es ein Schritt in die Autonomie sein kann, die Schule zu unterbrechen, eine eigenwillige »Selbstunterbrechung«, an der man auch reifen kann. Über den weiter bestehenden Atheismus Ediths[32], an dem sie bei alledem festhält, ist die Familie andererseits nicht begeistert.

Da um 1901 – nicht früher, aber auch nicht später – die deutschen Universitäten sich auch für das Frauenstudium öffnen, immatrikulieren sich Erna, die Ältere, die Lieblingsschwester, für Medizin und Edith selbst für Psychologie und Philosophie, wobei sie später Germanistik und Geschichte hinzunimmt.[33] Sie denkt an den Lehrberuf als künftige Aufgabe. Er erscheint ihr als das einzig Vernünftige als Frau in der damaligen Zeit, wenn man eine solch kombinierte Ausbildung macht wie sie. Ihre Schwester Erna Stein wiederum wird Ärztin und heiratet auch einen Arzt.

Edith vertieft sich zunächst in Psychologie und hofft, ihre Antwort auf Lebensfragen zu finden, zu denen auch die religiöse Frage gehört, die letztlich nie endgültig beantwortet werden kann. Sie hofft, in der Psychologie Antwort zu finden, gewinnt aber bald das Gefühl, »Steine statt Brot« zu bekommen. Sie studiert immerhin bei dem damals international berühmten Professor Isaak Stern[34], der, auch jüdischer Herkunft, eine Kapazität in der Erforschung des frühen Kindesalters ist. Doch kann er sie mit seiner experimentellen Psychologie nicht zufrieden stellen. Sie erkennt, dass die rein wissenschaftliche Ausbildung an der Universität nicht genügt, um sie zu befähigen, später als Lehrerin mit Menschen umzugehen. Edith Stein gibt aber nicht auf, sondern schließt sich einer Gruppe von Pädagogikstudenten und einem Bund für Schulreform an, was bedeutet, dass sie mit anderen Studenten unter sachkundiger Leitung Förderschulen besucht, auch Schulen für Taubstumme und Blinde, Heime für sozial geschädigte Kinder. Es kommt ein starker sozialer und pädagogisch-reformerischer Wille in ihr auf.

Eine andere Richtung nimmt ihr Studium, als sie im Wintersemester 1912/13 auf die Schriften Edmund Husserls[35] stößt, der eine neue bahnbrechende Richtung in der Philosophie entwickelt, die Phänomenologie.

Es drängt sie, Breslau, ihren bisherigen Studienort zu verlassen, um bei Husserl in Göttingen[36] weiter zu studieren und zu forschen. Dafür nimmt sie schmerzliche Trennungen auf sich, neben der von ihrer Mutter und ihrer Lieblingsschwester Erna, die damals noch dort lebt, auch die von ihrem ersten jüdischen Studienfreund Eduard Methis, einem klugen Kollegen, der schon als Student Leiter der Humboldt-Gesellschaft in Breslau ist, er lebt treu seinen jüdischen Glauben und liebt Edith. Doch sie lässt alles hinter sich, um in Husserls geistige Welt einzutauchen. Von 1913 an lebt sie im Bannkreis Husserls, der, jüdischer Herkunft wie sie selber, aber getaufter evangelischer Christ, Religion als Phänomen ernst nimmt. Religion ist nach seiner Überzeugung in jedem Fall ein menschliches Phänomen, das zum Menschen als solchem gehört. Sie sei insofern so wirklich wie alles andere. Solche Denkmöglichkeiten sprechen Edith an und stellen ihren jugendlichen Atheismus in Frage.[37] Hatte sie doch die Wirklichkeit der Religion in ihrer Kindheit überzeugend erlebt.

Gleichzeitig lehrt in Göttingen auch Max Scheler[38], der, wie damals so manche bedeutende Menschen, zum Katholizismus übergetreten war. In den Jahren 1910 bis 1920 ist eine eigentümliche spirituelle Unterströmung im geistigen Leben Europas wahrzunehmen, die auch zu Wiedereintritten in die Kirche, vor allem in die katholische führt. Eine religiöse Strömung durchzieht die Geisteswissenschaft und ergreift bedeutende Geister wie Max Scheler, der nun auch mit seinen religiösen Überzeugungen großen Einfluss auf seine Studenten ausübt. Edith Stein schreibt über ihn: »Der erste Eindruck, den Scheler mir machte, war faszinierend. Nie wieder ist mir an einem Menschen so rein das Phänomen der Genialität entgegengetreten. Aus seinen großen blauen Augen leuchtet der Glanz einer höheren Welt. Dazu kam, dass er von lebensnahen Fragen sprach, die jedem persönlich wichtig sind und besonders uns junge Menschen bewegte, und nicht wie Husserl von nüchternen und abstrakten Dingen.«[39] Jedenfalls begegnete sie ihm in der Zeit, in der er, von katholischen Ideen erfüllt, mit allem Glanz seines Geistes und seiner Sprachgewalt für diese zu werben verstand.

Im Blick auf ihre religiöse Entwicklung in der Zeit schreibt Edith Stein: »Es war meine erste Berührung mit dieser bis dahin unbekannten Welt. Sie führte mich noch nicht zum Glauben. Aber sie erschloss mir einen Bereich von Phänomenen, an denen ich nicht mehr blind vorbeigehen konnte. Nicht umsonst wurde uns beständig eingeschärft, dass wir alle Dinge vorurteilslos ins Auge fassen, alle Scheuklappen abwerfen sollten. Die Schranken der rationalistischen Vorurteile, in denen ich aufgewachsen war, ohne es zu wissen, fielen, und die Welt des Glaubens stand plötzlich vor mir. Menschen, mit denen ich täglich umging, zu denen ich mit Bewunderung aufblickte, lebten darin.«[40] Eine lebendige und begeisternde akademische Kultur von großer spiritueller Aufgeschlossenheit muss das damals gewesen sein. (Auch C. G. Jung hat viele Gedanken Schelers aufgenommen.)

Persönlich noch wichtiger als Husserl und Scheler wurden für Edith Stein die Begegnungen mit dem Ehepaar Anna und Adolf Reinach.[41] Adolf Reinach, seit 1909 Privatdozent in Göttingen, war Husserls rechte Hand. Er konnte überzeugender mit den Studenten umgehen als Husserl selber. »Ich war nach der ersten Begegnung sehr glücklich und von einer tiefen Dankbarkeit erfüllt«, schreibt Edith Stein, »Es war mir, als sei mir noch nie ein Mensch mit einer so reinen Herzensgüte entgegengekommen.«[42] Über ein Kolleg bei ihm schreibt sie: »Es war eine reine Freude, ihm zuzuhören. Er hatte wohl ein Manuskript vor sich, schien aber kaum hineinzusehen. Er sprach in lebhaftem und fröhlichem Ton, leicht, frei und elegant. Und alles war durchsichtig, klar und zwingend.«[43]

Reinach dozierte auch nicht im frontalen Stil wie die anderen Professoren, sondern suchte gemeinsam mit den Studenten nach philosophischen Lösungen und ließ sie an seinen Forschungen teilnehmen.

Edith, so sprachgewandt sie war, geriet doch, als es darum ging, ihre Doktorarbeit auszuformulieren, in eine ernste Schreibhemmung und Krise, vermutlich aus zu hohem Anspruch an sich selbst, so dass sie an schweren Schlafstörungen zu leiden begann und doch nicht wagte, sich jemandem anzuvertrauen.[44] Erst als sie nach längerer Krisenzeit mit Reinach gesprochen hatte, kam sie wieder in Fluss, auch beim Schreiben. Persönlicher Freund wurde ihr in dieser Zeit auch ihr Studienkollege Hans Lipps[45], ein Mediziner, der zugleich Philosophie studierte.

Im Sommer 1914 brach der Erste Weltkrieg aus. Edith Stein schreibt: »Wir konnten es nicht fassen, dass es wirklich dazu kommen sollte ... Das stand fest für uns, dass es ganz anders werden würde als alle früheren Kriege. Eine so entsetzliche Vernichtung würde es sein, dass es nicht lange dauern konnte.«[46] Sie rechneten deshalb allenfalls mit Monaten. Vier Jahre aber dauerte dieser Krieg, und ihre nächsten Freunde Lipps und Reinach kamen nicht zurück. Dass beide fielen, bedeutete eine der größten Erschütterungen in ihrem Leben.[47]

Im Wintersemester 1914/15 hatte sie noch das Staatsexamen für das höhere Lehrfach abgelegt, mit Auszeichnung, doch meldete sie sich unmittelbar darauf zum zivilen Kriegsdienst im Lazarett, zum Entsetzen ihrer Mutter. Doch wollte sie es nicht besser haben als ihre Kollegen an der Front. Schon damals kommt der Gedanke des Mit-Leidens auf, und dankbar nahm sie es auf, als Reinach aus dem Felde schrieb: »Liebe Schwester Edith, jetzt sind wir Kriegskameraden.«[48] Damals gab es noch den ungebrochenen Patriotismus, der die Menschen innerlich verpflichtete mitzugehen und mitzuleiden, wenn das eigene Volk kämpfte und litt, sich auf keinen Fall herauszuhalten und zurückzuziehen. Schwestern und Ärzte staunten nicht wenig, als sich eine Frau wie Edith, »von der anderen Fakultät«, eine Philosophin, sich so einsatzbereit und patent erwies. Sie arbeitete bis zur Erschöpfung, vor allem als die Transporte mit Schwerverwundeten eintrafen.

Erst, als das Lazarett aufgelöst wurde, meldete sie sich kurzzeitig für ihre Doktorprüfung zurück, die sie dann im Sommer 1916, wieder mit Auszeichnung bestand, noch dazu bei ihr unbekannten Professoren in Göttingen, nachdem Husserl, ihr Lehrer, inzwischen einem Ruf nach Freiburg gefolgt war. Immerhin lud er sie ein, seine persönliche wissenschaftliche Assistentin zu werden. Da er aber zu ihrer Enttäuschung nur Zubringerdienste erwartete und nicht zu partnerschaftlicher wissenschaftlicher Forschung bereit schien, gab sie die begehrte Assistentenstelle kurzfristig wieder auf, um in Breslau selbständig wissenschaftlich weiterzuarbeiten. Ihre privaten Lehrveranstaltungen, die sie anbot, konnten immerhin kontinuierlich mit bis zu fünfzig Hörern und Hörerinnen rechnen. Wenigstens schrieb Husserl ihr um 1919 eine Empfehlung für die Habilitation.[49]

Ungleich schwerer als alle Probleme mit ihrer akademischen Laufbahn – es war damals völlig ungewöhnlich für eine Frau, sich habilitieren zu wollen! – wog in diesen Jahren die Trauer. Dass Hans Lipp und Adolf Reinach in Flandern gefallen waren[50], erschütterte ihre persönliche Lebenseinstellung. Kaum traute sie sich in das Haus von

Adolf und Anna Reinach, als sie aufgefordert wurde, Reinachs wissenschaftlichen Nachlass zu ordnen, wusste sie doch kaum, wie sie ihre eigenen Gefühle bewältigen sollte und fürchtete sich, Frau Anna gegenüberzutreten, die mit ihrem Mann noch ungleich mehr verloren hatte. Sie traute sich nicht, mit Annas Schmerz umzugehen, doch war sie überwältigt, es war ein großer Moment in ihrem Leben, als ihr Anna Reinach keineswegs als gebrochene Frau gegenübertrat, sondern, wie Anna ihr, der tief Verstörten, noch Trost zuzusprechen vermochte. Diese Begegnung berührte sie so tief, dass sie noch kurz vor ihrem eigenen Tod niederschrieb: »Es war dies meine erste Begegnung mit dem Kreuz und der göttlichen Kraft, die es seinen Trägern mitteilt. Es war der Augenblick, in dem mein Unglaube zusammenbrach, der jüdische Glaube verblasste und Christus aufstrahlte. Christus im Geheimnis des Kreuzes.«[51] Reinachs waren Christen gewesen, waren im Verlauf des Ersten Weltkriegs zur evangelischen Kirche übergetreten, und an der Weise, wie Anna Reinach den Tod ihres Mannes trug, ging Edith etwas davon auf, wie Glaube das Leid verwandeln könne. Was sie da erfuhr, nannte sie »Christus im Geheimnis des Kreuzes«. Was ihr entgegenstrahlte war die transformierende Kraft in jener Frau, die doch von einem außerordentlich schweren Verlust getroffen war. Das Getragensein eines Menschen dort, wo anderen der Boden wegbricht, ließ sie aufmerken. Früh hatte sie doch den Tod fürchten gelernt und auch ihre Mutter erlebt, die so lange und schwer am Tod ihres Mannes getragen hatte, trotz ihrer tiefen Verankerung im jüdischen Glauben. »Christus« steht für sie für eine »Liebe Gottes« und auch für eine »Liebe zu Gott«, die auch im Schmerz und Verlust erhalten bleibt und hält. So etwas wie einen inneren Sieg über den »Stachel des Todes«, wie sie ihn an Anna erlebt. Das Symbol des Kreuzes steht ja, recht verstanden, nicht nur für Tod, sondern auch für verwandelnde Auferstehung. Auch die Kreuze, die wir auf die Gräber setzen, sind nicht nur Todes-, sondern auch Lebenszeichen.

Es sind uns auch einige weitere Zeugnisse von Frauen und Männern überliefert, die Edith Stein in jener Zeit, zwischen 1916 und 1919 begegneten, darunter Philomen Steiger, eine Geschäftsfrau aus Freiburg, die erzählt, wie sie damals an manchen Abenden mit Edith zusammensaß und sie miteinander sprachen. Edith Stein habe dabei zugegeben, dass sie schon lange Atheistin sei, habe dabei aber immer wieder nach Philomen Steigers Einstellung zur Religion gefragt, bis diese zu ihr sagte: »Sie sind keine Atheistin, Sie sind eine Suchende.«[52]

Edith Stein selber berichtet von einer Begebenheit, als sie einmal kurz im Frankfurter Dom einkehrte und dort auch eine Frau hereinkommen sah, die, ihren Marktkorb beiseite stellend, zu einem kurzen Gebet an einer Bank niederkniete. »Das war für mich etwas ganz Neues. In die Synagoge und in die protestantischen Kirchen, die ich besucht hatte, ging man nur zum Gottesdienst. Hier aber kam jemand mitten aus den Werktagsgeschäften in die menschenleere Kirche wie zu einem vertrauten Gespräch.«[53]

In dieser Zeit schreibt Edith an ihre Schwester Erna: »Übrigens glaube ich, dass es auch für einen Heiligen nicht erforderlich wäre, allen Wünschen und Hoffnungen und allen Freuden der Welt zu entsagen. Im Gegenteil. Man ist auf der Welt, um zu leben, und soll alles Schöne, was es gibt, dankbar hinnehmen. Und soll nur nicht verzweifeln, wenn es anders geht, als man es sich gedacht hat.«[54] Dies ist einer der Aussprüche, der darauf hinweist, dass im Judentum dankbare Freude an der Welt direkt zur Frömmigkeit gehört und dass es nicht Leidenssucht und Abkehr von der Welt war, was sie zu ihrer Mystik der *compassio* führte, sondern tiefe Solidarität mit den Leidenden, gerade aus »Liebe zur Welt«.

Im Herbst 1919 erhält sie von der Universität Göttingen den endgültig abschlägigen Bescheid auf ihre Eingabe für die Habilitation.[55] Sie hat keine Chance als Frau. Doch wichtiger werden ihr von der Zeit an ihre religiösen Erfahrungen, ihre spirituelle Entwicklung. Über die inneren Auseinandersetzungen tauschte sie sich insbesondere mit ihrem Kollegen Roman Ingarden aus, der später Professor in Krakau wurde. Ihm berichtet sie von ihrer Lektüre der »*Vida*« der Teresa von Avila und wie diese bei ihr einschlägt, so dass sie angesichts von Teresas mystischer Erfahrung sagen muss: »Das ist die Wahrheit, die Wahrheit, die sie durch die Tiefen und Höhen ihres Lebens trug.«[56]

Edith Steins Entschluss, seit Jahren herangereift, steht nun fest: Sie möchte in die katholische Kirche eintreten. Was dieser Entschluss in ihrer jüdischen Herkunftsfamilie auslöst, berichtet ihre Lieblingsschwester Erna: »Sie vertraute mir ihren Entschluss an, zum Katholizismus überzutreten und bat mich, unsere Mutter mit dem Gedanken vertraut zu machen. Ich wusste, dass dies eine der schwersten Aufgaben war, denen ich gegenübergestanden hatte. So sehr meine Mutter sonst für alles Verständnis hatte und uns Kindern weitgehend voller Vertrauen Freiheit in allen Fragen gelassen hatte, bedeutete dieser Entschluss den schwersten Schlag für sie, die eine wahrhaft gläubige Jüdin war und das als Abtrünnigkeit auffasste. Auch uns andere traf es schwer, aber wir hatten so viel Vertrauen zu Ediths innerer Überzeugung, dass wir schweren Herzens ihren Entschluss hinnahmen, nachdem wir vergeblich versucht hatten, sie unserer Mutter wegen davon abzuhalten.«[57]

Doch auch nach ihrem Übertritt kam Edith Stein regelmäßig weiter nach Hause und pflegte Erna auch bei der Geburt ihres weiteren Sohnes Ernst Ludwig. Sie liebte deren beide Kinder, wie im übrigen alle Nichten und Neffen, und wurde von ihnen ebenso geliebt und verehrt. Es gibt einen ganzen Briefwechsel, in dem liebevolle kindliche Schreiben im Briefwechsel mit ihr hin und her gingen. Auch dies ist ein Zug an ihr, den man nicht übersehen darf.

Die inneren Erfahrungen waren für Edith Stein zu der Zeit so übermächtig, dass sie ihre wissenschaftlichen Arbeiten glaubte abbrechen zu müssen. So übernahm sie, um ihren Lebensunterhalt zu verdienen, eine Stelle als Lehrerin und Dozentin an einem Lyzeum, der Lehrerinnenbildungsanstalt der Dominikanerinnen in Speyer.[58] Ihr sehnlichster Wunsch, in den Karmel einzutreten, den Orden Teresas von Avila, der ihr in seiner Strenge ein Orden innere Freiheit zu sein schien, war ihr vorläufig mit Rücksicht auf die Mutter einfach versagt. Sie wagte es nicht. Sie befürchtete, dass es ihre alte Mutter nicht verkraften könne. Für acht Jahre wurde sie eine sehr geschätzte Lehrerin, die auch für persönliche Anliegen der Schülerinnen immer ein offenes Herz und Ohr gehabt habe. Sie unterbrach ihre philosophische Arbeit, so dringend sie auch schien, jederzeit, wenn eine Schülerin ein persönliches Gespräch suchte.

Freundschaftlich verbunden war sie zu der Zeit mit ihrer Kollegin Uta von Bodman[59], der Malerin und Zeichenlehrerin an der gleichen Schule. Mit ihr teilte sie auch eine Wohnung. Unter anderem erzählte ihr diese Freundin einen Traum, in dem ihr auf dem Schulausflug beim Kaffeeausschenken plötzlich ihre Mutter erschienen sei und ihr zugewinkt habe. Doch verschwand diese spurlos, als sie erst die Kinder versorgen wollte, ehe sie sich der Mutter zuwandte. Edith Stein hörte sich diesen Traum nachdenklich an und sagte darauf intuitiv: »Ruf sofort an, fahr sofort hin,« und ermöglichte ihr damit, rechtzeitig zu der Mutter zu kommen, die einen Schlaganfall erlitten hatte. Ich erwähne dies, weil Edith Stein offenbar auch für Phänomene wie den Traum und solche synchronistischen Zusammenhänge eine feine Intuition hatte.

Von Uta von Bodman wissen wir auch, dass Edith Stein bereits um 1930 einmal todtraurig ihre Ahnung ausgesprochen habe, dass mit dem Nationalsozialismus zuerst eine Judenverfolgung und dann eine Kirchenverfolgung heraufkommen würde. Ihr Ahnungs- und Urteilsvermögen, auch im Politischen, waren ausgeprägt.

Seit 1927 wurde übrigens die Benediktiner-Abtei Beuron mit ihrem damaligen Erzabt Rafael Walzer zu ihrer geistigen Heimat.

Neben dem Schulalltag übersetzt sie die Briefe John Henry Newmans und zwei der Abhandlungen des Thomas von Aquin »Über die Wahrheit« so überzeugend, dass diese zwei Bände damals großes Aufsehen erregten. Mit Bezug auf Thomas schreibt sie in einem Brief an einen Freund:

»Natürlich ist Religion nicht etwas für den stillen Winkel und für einige Feierstunden, sondern sie muss Wurzel und Grund allen Lebens sein. Dass es möglich sei, Wissenschaft als Gottesdienst zu betreiben, ist mir zuerst so recht am heiligen Thomas aufgegangen. Und nur daraufhin habe ich mich entschließen können, wieder ernsthaft an wissenschaftliche Arbeit heranzugehen. In der Zeit unmittelbar vor und noch eine ganze Weile nach meiner Konversion habe ich nämlich gemeint, ein religiöses Leben führen hieße, alles Irdische aufgeben und nur in Gedanken an göttliche Dinge leben. Allmählich habe ich aber wieder einsehen gelernt, dass in dieser Welt anderes von uns verlangt wird und dass selbst im beschaulichsten Leben die Verbindung mit der Welt nicht durchschnitten werden darf. Ich glaube sogar, je tiefer jemand in Gott hineingezogen wird, desto mehr muss er auch in diesem Sinn aus sich herausgehen, das heißt in die Welt hinein, um das göttliche Leben in sie hineinzutragen. Es kommt nur darauf an, dass man zunächst einmal in der Tat einen stillen Winkel findet, in dem man mit Gott so verkehren kann, als ob es sonst überhaupt

nichts gäbe, und das täglich. Das Gegebene scheinen mir die Morgenstunden, ehe die Tagesarbeit beginnt.«[60]

Hier spricht Edith Stein wieder ganz im Geist der Teresa von Avila, die es vordringlich wichtig fand, Klausuren für die Gottesbegegnung zu schaffen, damit diese ausstrahlen kann in die Welt und dort zu einer tätigen Verantwortung führt.

In diesem Zusammenhang wurde Edith Stein übrigens auch eine der ersten, die sich auf die Frauenfrage, die Frauenemanzipation, die von der englischen Bewegung her nach Europa hinüberdrang, einließ.[61] Sie glaubte die Zeit gekommen, in der sich die Frau nicht mehr nur auf die Familie bezogen verstehen könne und dürfe, sondern mit in die größeren Zusammenhänge der Welt und der Gesellschaft gehöre und sie könne, wenn es sein müsse, alle Berufe ausüben, die je ein Mann ausgeübt hätte. Edith Stein lässt sich also nicht auf eine biologisch bedingte Vereinseitigung des weiblichen Wesens und der weiblichen Begabung ein, sondern sieht die Frau für alle Aufgaben der Welt geeignet. Edith Stein entwickelt ein Konzept wirklicher Partnerschaft der Geschlechter auf Augenhöhe, in der sie gemeinsam die Verantwortung für die Gesellschaft übernehmen und tragen könnten. »Unter Mutterschaft verstand sie nicht rein biologische Fürsorge für das Kind. Mütterlichkeit war für sie auch ein geistiger Begriff, eine Ausstrahlung der Persönlichkeit, die auch Unverheirateten zu eigen sein sollte.«[62] Mit Vorträgen zu dieser Thematik ist Edith Stein durch ganz Europa gereist, von München bis Münster, von Salzburg bis Zürich. Ihr frühes Engagement für die Frauenemanzipation ist ein Zug ihres Lebens und Wesens, der sie nicht nur interessant, sondern auch aktuell macht. »›Gleichheit der Frau mit dem Manne / so rufet die Suffragette / sicherlich schon dereinst / im Ministerium mir zu‹, so wurde schon in der

Abiturzeitung über sie gefrotzelt, wozu sie sich gerne bekannte.«[63] Schon damals trat sie für das Wahlrecht der Frau ein und forderte in ihren Vorträgen, dass die Frauen die Politik nicht nur zerstörenden, rivalisierenden Gruppen überlassen dürften, sondern selbst Stellung beziehen und das Wahlrecht als Wahlpflicht ansehen müssten.

Einer ihrer damaligen Zuhörer erinnert sich an sie: »Edith Stein war ungemein sympathisch, offenbar weil hohe Geistigkeit und Warmherzigkeit so einfach und bescheiden auftraten. Die Richtung auf das Persönliche und Ganze hin, keine kalten Sach- und Teilleistungen, die sie als charakteristisch für weibliche Art bezeichnete, zeigte sich auch in ihrer eigenen Darstellung und auch in ihrem weiblichen Berufsethos. Es ginge darum, »einen festen Punkt« zu finden, »von dem aus sie die Auseinandersetzung mit all den brennenden Zeitfragen in Angriff nehmen könne.« Zu einer solchen gefestigten Stellung zu führen, ist die Aufgabe der religiösen Mädchenbildung, für die Edith Stein leidenschaftlich plädiert.[64] Ein feiner Humor machte die gewinnende Darstellung immer wieder noch liebenswürdiger.«[65]

Ab 1931 bewarb sie sich auf Drängen ihrer Freunde hin, die ihr Denken an den Universitäten vertreten sehen wollten, ein letztes Mal um einen Lehrstuhl. Freie Stellen, die ihr entsprochen hätten, bestanden an den Universitäten Freiburg, Breslau, Kiel und Hamburg. Doch alle Verhandlungen zerschlugen sich und nicht mehr nur, weil sie Frau, sondern vor allem auch, weil sie Jüdin war. Schon vor der Machtergreifung Hitlers war ein Ungeist aufgekommen, der ihr sehr zu schaffen machte.[66]

Schließlich wurde ihr von Maria Schmitz, der Vorsitzenden des katholischen Vereins deutscher Lehrerinnen, eine schöne Stelle angeboten, an dem deutschen Institut für wissenschaftliche Pädagogik in Münster, die sie gerne annahm.

Bis 1932/33 war ihr dort ein fruchtbares Wirken vergönnt. Doch am 7. April 1933, dem Datum des Gesetzes zur Wiederherstellung des Berufsbeamtentums, wurde Edith Stein wie allen Juden der Beamtenstatus entzogen und damit auch der Lehrauftrag am Institut. Ruhig nahm sie die Mitteilung entgegen, doch auf Vertröstungen ließ sie sich nicht mehr ein. Wenn es hier nicht mehr gehe, sagt sie, »so gibt es in Deutschland überhaupt keine Möglichkeit mehr für mich.« Sie muss das so klar und gelassen ausgesprochen haben, dass ihr Gegenüber, der damalige Rektor dieser Schule tief beeindruckt, aber auch erschrocken war.[67]

Erstaunlicherweise kam bald darauf ein Lehrangebot aus Südamerika auf sie zu, das sie hätte retten können, nicht nur beruflich, sondern auch existentiell. Es hätte ihr Leben retten können. Doch als dieses Angebot kam, »war mir schon ein anderer Weg gewiesen«[68], so schreibt sie unbeirrbar. Sie hat nämlich angesichts dieser Vorgänge endgültig den Mut gewonnen, in den Kölner Karmel einzutreten[69] und sich damit ihren Lebenswunsch zu erfüllen. Im Blick auf ihre Mutter sagte sie sich, dass ihre Mutter es wohl noch eher verkraften würde, sie in den Karmel eintreten, als nach Südamerika auswandern zu sehen. Im Gebet kam ihr der Gedanke, es könne ihr Auftrag sein, dem jüdischen Volk beim »Kreuztragen« beizustehen. Sie brachte die lebensbedrohliche Situation des jüdischen Volkes in Deutschland mit der Passion, mit der Symbolik der Passion zusammen. Das Leid der Welt mitzutragen vor Gott und mit Gott, eröffnet für sie die Mystik der Compassion, der Mit-Passion. Edith Stein sprach von Auschwitz als einem »weitergehenden Golgotha«, eine Vorstellung, die in jüdischen Ohren ungeheuerlich klingen muss. Dorothee Sölle schreibt in diesem Zusammenhang, was ihr im Gespräch mit der jüdischen Historikerin Wanda Kampman aufgegangen sei: »Ich sagte damals, Christus sei in Auschwitz vergast worden; sie konnte diese Formulierung nicht ertragen. Ich erschrak und schämte mich, andererseits glaubte – und glaube – ich tatsächlich, dass man Christus nicht verstehen und lieben kann, ohne dieses weitergehende Am-Kreuz-Hängen, das sich in seinen Geschwistern ereignet, zu sehen; andererseits hatte ich das Gefühl, als sei diese Wahrheit, indem ich sie aussprach, verraten.«[70]

Wie solches »Kreuztragen« für sie aussehen würde, sah Edith Stein seinerzeit noch nicht konkret, doch wollte sie im Karmel gemäß dessen Grundlage betend und liebend für die Gerechtigkeit in der Welt einstehen und diejenigen innerlich begleiten, die der Ungerechtigkeit der Welt zum Opfer fallen. Schon Teresa hat in diesem Geist gebetet und gehandelt. Die Schwestern im Kölner Karmel brauchten unter den damaligen Umständen einigen Mut, eine Jüdin wie Edith Stein überhaupt neu aufzunehmen. Schon das konnte den Kölner Karmel in Verdacht bringen und gefährden. Aber sie hatten den Mut. Am 14. August 1933 trat Edith Stein in den Karmel ein und wählte sich, wie schon erwähnt, den Namen »Teresa Benedikta a Cruce«, die »vom Kreuz gesegnete Teresa«.[71] »Warum tust du das jetzt?«, wird sie von einer 12-jährigen Nichte befragt. »Indem sie katholisch wurde, hatte unsere Tante ihr Volk im Stich gelassen«[72], wirft sie ihr bitter vor. Edith Stein ist stattdessen den Weg ihres Volkes in einer mystischen Tiefe mitgegangen, »wenn auch in einer kreuzes-theologischen Deutung, die der Mehrzahl der jüdischen Menschen unverständlich, ja unerträglich erscheinen musste«.[73]

Schwer war es ihr ums Herz vor allem wegen ihrer Mutter. An ihre Schwester Erna, die ihr einen liebevollen Brief zur Einkleidungsfeier geschrieben hatte, sendet sie folgende Gedanken: »Ich habe Professor Koch gesagt, dass es jetzt nicht die richtige Zeit für einen Besuch bei Mama ist. Es tut mir immer nur so leid, dass Ihr es jetzt sicher sehr schwer habt. Mutter hatte doch sichtlich neue Hoffnung geschöpft, denn sie schreibt wieder nach einer Pause, und zwar jedes Mal hoffnungsvoll und mit einer kleinen Attacke gegen mich. So spricht sie doch sicher auch mit Euch, und da müsst Ihr verbergen, was Ihr schon wisst. Es ist auch für mich traurig zu sehen, was für ein Zerrbild sie sich zurecht gemacht hat, nicht nur von unserem Glauben und Ordensleben, sondern auch von meinen persönlichen Motiven, und daran nichts ändern zu können. Aber ich weiß, dass jetzt jedes Wort umsonst wäre.«[74]

Drei Jahre später stirbt ihre Mutter, der damit erspart geblieben ist, zu erleben[75], was dann folgt. Seit fünf Jahren lebt Edith im Kölner Karmel, als 1938, am 9.11., während der sog. »Reichskristallnacht« die Synagogen brannten. Edith Stein ist zunächst wie erstarrt vor Grauen und bittet ihre Schwestern, ein Versteck für sie zu suchen, damit sie als Jüdin den Karmel nicht belaste.

Spontan hatte sie den Impuls, nach Palästina auszuwandern[76], doch das britische Mandat gestattete ihr wie so vielen anderen die Einwanderung nicht.

Wer sie schließlich aufnimmt, ist ein niederländischer Karmel in der Stadt Echt[77], eine großzügige herzensfreundliche Frauengemeinschaft, die ihr wirklich Heimat zu gewähren sucht. Aus dem Jahr 1939 haben wir mehrere Gebete, in denen sie Gott bittet, ihr Leben für das Heil der bedrohten Welt hingeben zu dürfen.[78] Auch wenn es im Karmel Brauch war, sogenannte Aufopferungsgebete zu schreiben, ergreifen einen die ihren, umso mehr, wenn man hört, wie wörtlich sie sie schließlich eingelöst hat. Auch auf heutige Menschen, denen solche Vorstellungen eher fremd sind, können sie ergreifend wirken, knüpfen sie doch auch an eine allgemein menschliche Vorstellung an, den Wunsch, sein eigenes Leben hingeben zu wollen, wenn damit ein anderes geliebtes Leben vielleicht gerettet werden könnte, z.B. das eines todkranken Kindes oder das eines geliebten Menschen überhaupt.

Nicht jede, die so etwas sagt, wird wirklich auf die Probe gestellt, ob sie es auch so meint. Wenn Edith Stein bittet, sich und ihr Leben als eine Art Opfer für den bedrohten Frieden hingeben zu dürfen, so wird der Ernst dieser Bitte durch die folgenden Ereignisse aufs Äußerste erprobt. Sie verfasst ein Testament, in dem sie schreibt: »Schon jetzt nehme ich den Tod, den Gott mir zugedacht hat, an...«[79] Zu solcher »Annahme« schreibt Sölle: »Diese Annahme, im traditionellen Katholizismus mit einem, wie ich denke, ungenügenden Begriff oft ›Opfer‹ genannt (»Aufopferung«, I. R.), erkennt in dem, was andere ›Fatum‹ nennen, den mitleidenden Gott, nennt ihn ›Liebe‹ und wird so zum mithandelnden Subjekt, statt bloßes Objekt der Macht des Schicksals zu bleiben. Annahme entreißt der eisigen Sinnlosigkeit ihre Macht, weil sie an der Wärme Gottes ›auch im Leiden‹ festhält.« [80]

Edith Steins Schwester Erna kann sich noch rechtzeitig mit ihrer Familie in die USA retten[81], auch ihr Bruder Erno und ihre Schwester Elsa wandern aus.[82] Rosa rettet sich über Belgien zunächst in die Niederlande, und der Karmel, der Edith aufgenommen hat, nimmt auch deren Schwester Elsa auf, obwohl sie nicht zum Orden gehört. Zwei unter Ediths Geschwistern, Frida und Paul, bleiben in Breslau zurück und laufen der sicheren Verhaftung entgegen.

Edith Stein wird von ihren Mitschwestern in der Zeit in Echt als freundlich und gelassen erlebt. Sie ist ganz unauffällig, fügt sich in alle Dienste als Mitschwester ein und versucht, die anderen nicht mit ihrem Leiden zu belasten. »Doch«, so schreibt eine ihrer Mitschwestern, »Jede freie Minute, auch frühmorgens, lange vor dem offiziellen Gebet, verbrachte sie im Gebetschor. Oft betete sie mit ausgebreiteten Armen. Sie konnte stundenlang in stiller gesammelter Haltung mit geschlossenen Augen beten. Einfach vor Gott da sein. Dieses schweigende Beten war ihre Freude.[83] Es war Kontemplation.«

Die Sendung der Karmeliterinnen drückt Edith Stein so aus:

»Dem Herrn verbunden bist du allgegenwärtig wie er. Nicht hier, nicht dort kannst du helfen, wie der Arzt, die Krankenschwester, der Priester. An allen Fronten, an allen Stellen des Jammers kannst du sein in der Kraft des Gebets. Mystik. Mit Gott verbunden kannst du, allgegenwärtig wie er, mit ihm überallhin Liebe senden.«[84]

Das war ihr Grundgedanke und ist der Grundgedanke des Karmel überhaupt.

Ein letzter Versuch der beiden Schwestern Stein, in der Schweiz Aufnahme zu finden, als die Verhaftungen in Deutschland schon anrollen, scheitert an den Behörden der Schweiz. Auch von Rom, von wo nur eine Assertion gefordert worden wäre, damit ein Schweizer Kloster sie hätte aufnehmen können, kam keine Antwort, wurde die Bearbeitung des Antrags verschleppt. Man wollte die Gefahr offenbar nicht sehen, in der die jüdischen Frauen in Deutschland schwebten, wie alle Juden und wie in ganz Europa.[85]

Die Kirchen in den Niederlanden sandten eine mutige Eingabe, ein Protestschreiben gegen die Judenverfolgung an die deutsche Besatzung. Eben das hat aber die entsprechenden Stellen gegen die Christen in den Niederlanden gewaltig aufgebracht. Es setzte unmittelbar danach eine Judenverhaftung ein, die auch die christlichen Juden einschloss, dazu die Ordensleute. Es war eine der ganz frühen Verhaftungswellen in Europa, die eben auf das unerhört mutige Schreiben der niederländischen Kirchen hin erfolgte. Am 2. August 1942 verhaftete man auch Edith Stein, aus ihrem stillen Gebet im Chorraum heraus.[86] Dazu auch ihre Schwester Rosa, die als Laiin in diesem Kloster nur zu Gast war. Unter den empörten Niederländern, die sich in kurzer Zeit vor dem Kloster zusammengefunden hatten, hörte Maria Delsin, eine Niederländerin, wie Edith Stein tröstend zu ihrer Schwester Rosa sagt: »Komm, wir gehen für unser Volk.«[87] Die Stunde der Bewährung ihrer Mystik der Kompassion war gekommen. Es geht ihr dabei natürlich nicht darum, einem menschenfeindlichen Gott mit ihrem eigenen Blut versöhnen zu müssen, noch dem Leiden selbst eine Heilsqualitäüt zusprechen zu sollen, sondern um die Bereitschaft zum »eigenen holocaustum«, zur radikalen Selbsthingabe im Mit-Leiden mit Christus[88] – wie sie es verstand.

Ein anderer Zeuge dieser Tage berichtet, es sei ihm besonders stark die Gelassenheit in Erinnerung geblieben, mit der Edith Stein und die anderen Betroffenen aus den Klöstern sich in ihr Los schickten, als sie mit zahlreichen anderen Juden in einem Lager zusammengetrieben wurden. Es war ihnen nicht anzusehen, dass sie nur wenige Stunden zuvor von der Polizei überrascht worden waren. Vor allem der Kinder nahmen sie sich an, der Kinder anderer Juden, die sie zum Teil gar nicht mehr versorgen konnten. Ihre Haltung unterschied sich von der anderer Lagerinsassen, die sich natürlich sehr fürchteten. Ein jüdischer Kaufmann aus Köln, der überlebte, berichtet: »Unter den eingelieferten Gefangenen fiel Edith Stein auf durch ihre große Ruhe und Gelassenheit. Der Jammer im Lager und die Aufregung bei den neu Eingetroffenen waren unbeschreiblich. Edith Stein ging unter den Frauen umher, tröstend, helfend, beruhigend wie ein Engel. Viele Mütter, fast dem Wahnsinn nahe, hatten sich schon tagelang nicht mehr um ihre Kinder kümmern können und brüteten in dumpfer Verzweiflung vor sich hin. Edith Stein nahm sich sofort der Kleinen an, wusch und kämmte sie, sorgte für Nahrung, Pflege und Spiel.«[89]

Letzte Boten aus den Klöstern, die auf Vermittlung des jüdischen Rates noch Decken und Medikamente zu den

Verhafteten bringen konnten, trafen Edith Stein in einer Haltung an, die fast gelöst wirkte. Grund dafür war auch, dass für sie die zerreißende Spannung beendet war, ob sie zu denen gehören würde, die noch Hoffnung haben durften, oder zu denen, die keine Hoffnung mehr haben konnten. Als sie wusste, dass sie keine Hoffnung mehr haben konnte, war sie für ihren Weg bereit und wie befreit.

Als ein jüdischer Beamter sie fragte, was er noch für sie tun könne, da sie doch ein Mitglied des Ordens sei, sagte sie, sie wolle mit den anderen gehen, sonst wäre ihr Leben sowieso vernichtet: »Ich sah ihr Lächeln, ihre ungebrochene Festigkeit, die sie nach Auschwitz begleiteten, wo sie am 9. August 1942 mit den anderen zusammen umkam.«[90]

Edith Stein hat ihr Schicksal angenommen, das sie, da keine Hilfe von außen kam, in den Tod führte[91], indem sie ihr Leid mit dem ihres Volkes und mit dem Leiden Christi verband. Nach dem Krieg wurde sie gerade wegen dieser Einstellung eine Wegbegleiterin für viele. Ihre Gestalt wurde immer stärker ein Symbol und wurde für die anstehenden Probleme des Friedens und der Versöhnung bedeutsam. Am 1. Mai 1987 ist ihre Seligsprechung erfolgt.

Können wir vielleicht selbst aus dem Geist der Edith Stein heraus, aus der Mystik der Kompassion heraus, versuchen, uns neu auf etwas einzustellen, was uns persönlich auferlegt ist, was wir uns nicht ausgesucht haben, sondern was uns einfach geschickt ist, vom Schicksal, vom Leben selbst, von Gott, wie wir es nennen möchten, auch wenn es uns zunächst vielleicht von anderen Menschen zugemutet ist.

Inwiefern könnte es ein »Kreuz« für uns sein? Vielleicht können wir es im Geist der Edith Stein ein wenig anders ansehen als bisher, können es wie sie aus anderen, größeren Händen annehmen, als nur aus denen von Menschen, können uns danach fragen, welche Bedeutung wir ihm geben können, welchen Sinn, auch wenn es zunächst nur als Unsinn erscheint. Vielleicht kann dieses Leid, an dem wir selber tragen, sich dann verwandeln, wenn wir es annehmen. Nicht, dass es diesen Weg der Kompassion nur im Raum des Christentums gäbe, in dem Edith Stein ihn fand; es gibt diesen Weg auch zweifellos im Judentum und in der jüdischen Mystik. Man könnte die Mystik der Kompassion auch im jüdischen Symbol des Gottesknechtes finden. Wenn wir zum Beispiel die Bilder von Marc Chagall betrachten, die den gekreuzigten Christus als leidenden jüdischen Gottesknecht im Gebetsmantel zeigen, so zeigt sich da auch vom jüdischen Glauben her ein Weg, sein Leben in innerer Freiheit von Gott her anzunehmen und am Leiden der Welt mit Gott zusammen mitzutragen und es dadurch zu verwandeln. Wir finden diesen Weg auch in der muslimischen Mystik, in der Sufi-Mystik, z.B. bei El Halladsch. Im Grunde kommt bei Edith Stein in einer großen Tiefe beides zusammen, die jüdische Mystik des Gottesknechts und die christliche Mystik des Kreuzes.

Es scheint mir das Wesentliche zu sein, dass Edith Stein wie auch andere Mystikerinnen Wege gesucht und gefunden haben, das zugewiesene Leiden zu verwandeln, indem sie es in innerer Freiheit annehmen, nicht aus den Händen derer, die es ihnen vordergründig bereiten, sondern aus größeren Händen, die in der Tiefe unseres Menschenschicksals wirken. Dafür steht Edith Stein. Wie sie unter den verstörten Menschen ging und sich der Kinder annahm, bis dazu hin, dass sie noch mit ihnen zu spielen vermochte, wie sie in einer Geborgenheit verblieb, in der sie andere in ihrer Panik auffangen konnte: das zeichnet sie aus, damit rührt sie uns an, das macht sie uns unvergesslich.[92]

Fünftes Kapitel

Die Träumenden zum Handeln, die Handelnden zum Träumen bringen

Dorothee Sölle (1929–2003)

Eine Frau unserer Zeit ist Dorothee Sölle, keine Nonne; eine akademisch gebildete Frau, Tochter eines angesehenen Historikers, Nipperdey. Sie studierte evangelische Theologie und Literaturwissenschaft, ist zuerst im Schuldienst, später in freier wissenschaftlicher und schriftstellerischer Arbeit tätig, hat sie doch nie eine theologische Professur in Deutschland bekommen, wohl aber in New York. Sie war zweimal verheiratet, hat vier Kinder, darunter ein behindertes, das letzte der Kinder mit ihrem zweiten Mann, Fulbert Steffensky, der, ehemals Benediktiner, um der größeren geistigen Freiheit willen in die evangelische Kirche eintrat, der katholischen Spiritualität aber immer verbunden blieb. Er war bis zu seiner Emeritierung Professor für Religionspädagogik an der Universität Hamburg. Für Dorothees Verbundenheit mit Fulbert gibt der Brief »Dorothee an Mr. Death« ein beredtes Zeugnis:

»Dear Mr. Death, sehr geehrter Herr Tod,
Ich habe eine Bitte an Sie und wünsche mir, dass Sie diese Nachricht durchlesen und an einen Zuständigen weitergeben. Seit über 30 Jahren lebe ich in einer großen Liebe. Ich habe keine Angst vor Ihnen, Mr. Death. Was ich fürchte, ist das Alleingelassenwerden, wenn mein Lache- und Weinepartner von mir fort muss. Ich bin mir zwar ziemlich sicher, dass ich in diesem Fall Ihnen entgegenkommen würde mit allen zur Verfügung stehenden Mitteln. Aber es wäre anders, wenn wir beide zusammen gehen könnten. Manchmal vermute ich, dass Liebe – falls wir wissen, was

wir mit diesem Wort sagen – das Einzige ist, wovor Sie Respekt haben.

In diesem Sinne möchte ich Sie bitten, uns nicht zu trennen.

Dorothee.«[1]

Aussprüche Dorothees sind mir unvergessen, der eine betrifft ihren Mann: »Er ist mein mildernder Umstand«, der andere ihre Situation in der Familie: »Weißt Du nicht eine Haushaltshilfe für mich?« Dorothee Sölle war also Frau, Mutter von vier Kindern, und dazu hochengagierte, kompromisslose Theologin mit politischem Engagement, um des Evangeliums willen, das nach ihrer Auffassung von der realen Befreiung der Menschen, auch in sozialen und politischen Zusammenhängen, spricht. Sie ist zu ihren Lebzeiten die meistgelesene theologische Schriftstellerin in Deutschland. Nach ihrem Tod im Jahr 2003 – sie ist 74 Jahre alt – bringt die von kritischen katholischen Christen getragene Zeitschrift »Public Forum« ein Sonderheft über sie heraus, unter dem Stichwort: »Wie eine brennende Fackel in der Nacht…«. So leuchtete sie vielen auf ihrem Weg über eine düstere Zeit, weckte Zorn und Begeisterung, Ablehnung und Liebe.

Man könnte fragen, ob Dorothee Sölle, die gerade noch unter uns lebte, die mit ihrem kompromisslosen theologischen und politischen Denken viel umstritten war, wirklich in die Gruppe der Mystikerinnen gehöre, die wir hier vorgestellt haben. Nun, ich behaupte nicht, dass sie eine Teresa von Avila war oder eine Hildegard von Bingen, doch war es ja gerade ihr Anliegen, dass Mystik etwas für uns alle sei, nicht nur für überragende dafür Begabte. Ihre Vorstellung war die von einer »Demokratisierung« der Mystik, so dass jeder und jede auf ihre Weise einen Zugang zur Mystik finden könne. Das habe ich auch in diesem

Buch zu erweisen versucht, indem ich aus dem mystischen Erfahrungsschatz dieser großen Frauen jeweils auch einige einführende Übungen entnahm, auf die ich im letzten Kapitel hinweise und die wir alle nachvollziehen können.

»Wir sind nicht nur die, die wir kennen, die wir zu sein glauben. Wir sind alle fähig, anders zu sein, wir können uns selber verlassen, wir sind der Versenkung und der Transzendenz fähig.«[2]

Dorothee Sölles großes Anliegen war, dass Mystik ein erfahrungsmäßiger Zugang für alle und damit auch für die sogenannten Atheisten sei, sprach sie doch davon, dass es auch die Möglichkeit gebe, »atheistisch an Gott zu glauben«.[3] Im Grunde bedeutet Atheismus nur, dass einer im Moment keine konkrete Vorstellung von Gott hat. Da wir aber eigentlich gar keine Bilder von Gott haben sollen, bleibt das, was mit »Gott« gemeint ist, in jedem Fall ein offenes Geheimnis. Nur dass da etwas ist in dieser Welt und in dieser Wirklichkeit, das größer ist als wir selbst und dem wir uns alle uns verdanken, das lässt sich nicht leugnen. Haben wir uns doch nicht selbst gemacht, sondern uns vorgefunden, wir sind uns gegeben, geschenkt oder auch zugemutet, jedenfalls haben wir uns nicht selbst kreiert. Für mich ist das eine der Grunderfahrungen, die mich über mich hinausführen.

So saß ich einmal an einem Seeufer und versuchte zu meditieren, als ich merkte, wie ich atme, wie mein Herz geht, dass ich mein Leben weder in der Hand noch selbst erfunden habe. Ich lebe darin wie in einem größeren Leben. Und seither spreche ich deshalb gern vom »Leben selbst«, wenn ich »Gott« meine und lasse im übrigen die Vorstellungen offen. Aber ich spreche »vom Leben selbst«, weil es dann ein Bezugsfeld gibt, das man unter Umständen auch per Du ansprechen kann.

Dorothee Sölle also als Mystikerin? Ihr großes letztes Buch, das sie ihr liebstes nennt, ihr Lebenswerk *in nuce*, trägt den Titel »Mystik und Widerstand. Du stilles Geschrei«, dessen letztes Kapitel eigentlich das über eine »Mystik des Todes« werden sollte.[1] Es ist ein Buch, das die Mystik zurückholt auch in die Kirchen der Reformation, aus denen sie verdrängt, wenn auch nie ausgewandert war, wenn wir an Luther, Böhme, Tersteegen oder Paul Gerhardt denken, vor allem anderen aber an Bach. Die Mystik der reformatorischen Kirchen scheint mir eine Mystik der Musik zu sein. Dorothee Sölles Verdienst ist es, mit ihrem Buch, das gegenwartsnah und aktuell geschrieben ist, die Mystik auch aus der Zeit vor und nach der Reformation wieder bewusst gemacht zu haben.

Vielleicht erinnern wir uns noch an das allgemeine Aufmerken und Verwundern, als im Jahr 1975 von Dorothee Sölle, der Mitbegründerin des »Kölner Politischen Nachtgebets« ein neues Buch, »Die Hinreise. Zur religiösen Erfahrung, Texte und Überlegungen«[4] herausgebracht wurde. Plötzlich hatte man ein Buch von ihr in der Hand, wie es niemand für möglich gehalten hatte, ein Buch über religiöse Erfahrung. Auch ich selbst war tief überrascht und habe das Buch so intensiv gelesen, dass es heute in drei Teile zerfleddert ist. Ich finde es bis heute schön, die Erstausgabe zu haben.

Dorothee Sölle war bis dahin vor allem als Verfechterin einer sogenannten »Politischen Theologie« bekannt geworden, die sie in ihren Veröffentlichungen über »Phantasie und Gehorsam«, über »Leiden«, aber auch in dem umstrittenen Buch über »Stellvertretung. Ein Kapitel Theologie nach dem Tode Gottes« vertrat.[5] Mitten hinein in die aufgeregte Debatte über »politische Theologie«, die viele Christen in Rechte und Linke, in Sölle-Gegner und Sölle-Freunde teilte, stellt sie ihr Buch über religiöse Erfahrung. War »religiöse Erfahrung« nicht bisher eher ein Anliegen der Pietisten gewesen, so fragte man damals. Die Vertreter und Vertreterinnen einer politischen Theologie und die von einer pietistischen oder gar evangelikal Geprägten standen sich damals wie Feuer und Wasser gegenüber.

Wie aber meint sie das mit der »religiösen Erfahrung« Was versteht sie darunter? Einleitend steht zu ihrem Buch »Die Hinreise« zu lesen: »Die Reise ist ein altes Bild für die Erfahrung der Seele auf dem Weg zu sich selbst.« Und sie fährt fort:

»In der mystischen Literatur durch die Zeiten finden wir oft das Bild der Reise, auch als Hinreise und Rückreise verstanden. Die Hinreise, die in Meditation und Versenkung angetreten wird, ist als Hilfe der Religion auf dem Weg der Menschen zu sich selbst betrachtet. Christlicher Glaube akzentuiert dann allerdings die Rückreise in die Welt und in ihre Verantwortung ebenfalls stark. Aber es braucht eine tiefere Vergewisserung als die, die wir im bloßen Handeln erlangen. Eben die Hinreise.«

Die christliche Öffentlichkeit war damals überrascht über ein Buch von Dorothee Sölle, das ein Bekenntnis zur Notwendigkeit innerer Erfahrung war. Hatte man ihr doch unterstellt, die Spiritualität außer Acht zulassen und nur noch im politischen Engagement aufzugehen. Vom christlichen Glauben bliebe ihr nur noch die Ethik übrig. Jedoch: Die tiefere Begründung und Vergewisserung für alles ethische Handeln, das Sölle aus christlicher Motivation heraus unabdingbar war, ist für sie »die Hinreise«, die in Meditation und Versenkung angetreten wird, als Erfahrung der Seele auf dem Weg zu sich selbst und zu Gott. In diesem schmalen Buch bekennt sie sich öffentlich und zum ersten Mal zum eigentlichen Hintergrund ihres leidenschaftlichen Engagements für Gerechtigkeit in der Welt, für ihren politischen Einsatz, der unter anderem der Friedensbewegung, der Umweltbewegung und dem Eintreten für eine gerechte Weltwirtschaft galt. Eben dies war ja auch die Idee des Politischen Nachtgebets von Köln gewesen, das auch ökumenisch, z.B. durch Katholiken wie Heinrich Böll, mitgetragen und ausgerichtet war. Hier wurde nicht einfach Politik gemacht, sondern man trug politische Ereignisse gleichsam »vor Gott«, um sie im Gebet zu bedenken und von hier aus eine Basis für künftiges öffentliches Handeln zu finden. Sölle bekennt sich hier zu der eigentlichen Basis ihrer unbeugsamen Kraft zum Widerstand gegen das Unrecht in der Welt: die Mystik.

27 Jahre später, im Jahre 1997, in dem sie ihr 68. Jahr erreicht, veröffentlicht sie schließlich ihr großes Buch »Mystik und Widerstand. Das stille Geschrei«, dessen These, auf dem Cover des Buches beschrieben, lautet: Die Religion des dritten Jahrtausends werde mystisch sein oder absterben. Der Gedanke wird heute nicht nur von ihr allein vertreten. So entwirft sie aus dieser Überzeugung heraus die Grundzüge einer demokratisierten Mystik, einer ganz neuen Vorstellung. Zugleich weist sie Mystik als das antiautoritäre Element in jeder Religion nach.

Die Frauen, die ich hier als Mystikerinnen vorgestellt habe, besaßen eine eigentümliche innere Freiheit. Nicht, dass sie in erster Linie gegen die Kirche oder irgendeine kirchliche Autorität aufgestanden wären, sondern sie waren als Ergriffene so unablenkbar auf ihrem Weg, dass man sie nicht mehr davon abbringen konnte, auch wenn darüber manche uralte Regeln der Kirche und der Rechtgläubigkeit über Bord gingen.

Damit hängt zusammen, dass für Sölle die Mystik nur unter Einbeziehung der jeweiligen sozialen Realität vorstellbar ist, oft genug nur als Widerstand gegen den Status quo: worunter sie nicht primär die Institution Kirche versteht, das war gar nicht ihre Zielrichtung, sondern in erster Linie den Zustand unserer Welt, im politisch-sozialen, im gesellschaftlichen und wirtschaftlichen Bereich. Die letzte Demonstration, an der ich sie teilnehmen sah, war die bei der Entschuldungskampagne für die Länder der Dritten Welt während des Evangelischen Kirchentags in Stuttgart. Nach Sölles Auffassung ist es unmöglich, tatenlos zuzusehen, wenn die Vorgänge in der Welt aus dem Ruder laufen. Deshalb ist Mystik für sie zugleich Basis und Quelle für Widerstand. Es ging ihr darum, gerade aus der Mystik Kraft zu gewinnen für wirklich unbeirrbares und unabhängiges Handeln in der politischen Welt.

Dabei weist sie viele mögliche Orte mystischer Erfahrung in unserem Leben auf.

In erster Linie ist das bei ihr die Natur.[6] Hier erleben wir »Orte der Ortlosigkeit«. Ein Beispiel hierfür ist vielleicht das folgende kleine Erlebnis: Wenn sich auf einmal ein stilles Leuchten über den See legt, ein stilles Leuchten, bis die Dunkelheit ihn aufnimmt, da kann man plötzlich innehalten, und es überkommt einen ein Staunen, in dem die Transparenz des Himmels wie des Wassers auf einmal eine Ahnung von Transzendenz vermittelt. Von hier aus leitet Dorothee Sölle auch »ein anderes Verhältnis zur Erde« ab.

Als zweites Feld mystischer Erfahrung benennt Dorothee Sölle die Erotik, die Liebe.[7] Wer hat hier nicht schon einmal etwas erlebt, was zutiefst bewegt, ja erschüttert hat und uns über uns selbst hinaustragen konnte? Hierher gehört auch Dorothees Brief an Mr. Death. Von Marguerite Porète über D.H. Lawrence bis zu Ingeborg Bachmann reichen hier die Beispiele transzendierender Leidenschaft.

Auch im Leiden[8], wie wir es bei Johannes vom Kreuz bei Edith Stein miterleben, sieht Sölle einen besonderen Weg mystischer Erfahrung. Im Leiden, das in der mystischen Dimension anders angenommen wird als sonst in unserer Welt und das, indem es anders und aus anderen Händen angenommen wird als aus denen der Menschen, die uns das eine oder das andere antun, auch transformiert und verwandelt werden kann.

Darüber hinaus nennt Sölle das Feld der Gemeinschaft[9] als möglichen Ort mystischer Erfahrung: wo man gemeinsam etwas erlebt, was einen über sich selbst als Einzelnen hinausträgt. Auch indem man zusammensteht, zusammenwirkt, zusammen Widerstand leistet, kann eine tiefe Erfahrung von dem, was über den Einzelnen hinausgeht, gemacht werden. Da gibt es heute z. B. wieder das Zusammenstehen in Menschenketten, in Lichterketten, um Umwelt und Frieden zu schützen. Auch ist an den großen Kirchentagen, an denen Dorothee Sölle regelmäßig und an prominenten Stellen teilnahm, etwas von solcher Gemeinschaft zu spüren, gerade auch in den kleinen intensiven Meditations- und Projektgruppen, die immer in solchen Großveranstaltungen enthalten und wirksam sind.

Als letzten oder vielleicht auch ersten Ort mystischer Erfahrung nennt Dorothee Sölle die Freude.[10] Eine wirklich überschäumende Freude zu erleben, die häufig auch aus der Überraschung kommt, wenn etwas, mit dem man gar nicht mehr gerechnet hat, passiert, kann zur Basis einer transzendierenden Erfahrung werden. So sagte mir einmal eine junge Frau, die zuvor einige Fehlgeburten erlebt hatte, nach ihrer ersten Geburt: »Als ich mein erstes Kind in den Händen hielt und auf meinem Bauch liegen fühlte, war ich aufgelöst in Glückstränen und auch mit einer Dankbarkeit gegenüber Gott erfüllt, wie ich sie vorher nicht gekannt habe.« Also auch das Glück, die Freude hat mystische Qualität. Sölle geht viel lieber von der Freude aus, wenn es um den mystischen Weg einer Annäherung an Gott geht, als vom Leiden. Doch, wie gesagt, lässt sich dieser Weg auch im Leiden besonders tief erfahren.

Natur, Liebe, Leiden, Gemeinschaft und Freude sind nach Sölle die wichtigsten Felder, denen sie Erfahrungen zuordnet, wie wir sie aus der mystischen Tradition kennen.

In ihrem Buch über Mystik und Widerstand erläutert sie auch die mystischen Strömungen, die die drei Hochreligionen Christentum, Islam und Buddhismus kennen und vermitteln. Auch im Islam gibt es Mystikerinnen, Rabia[11] zum Beispiel, die in manchen Zügen Teresa von Avila gleicht, und berühmte Mystiker wie Mansur Al Halladj[12]. Sölle greift aber auch zurück auf frühe Religionen, auf die Erfahrungen der Schamanen und Schamaninnen.[13] In diesem Suchen nach dem Geheimnis gehört für sie alles zusammen. Welche Dimensionen mystische Frömmigkeit erreichen kann und wo sie Hoffnungen für heute auch im sozialpolitischen Feld eröffnet, wird von Dorothee Sölle auch in ihrem persönlichen Engagement überzeugend aufgezeigt, in den Kapiteln über »Besitz und Besitzlosigkeit«, über »Gewalt und Gewaltlosigkeit«, über »Eine Mystik der Befreiung« schließlich.[14]

Auf den Tagungen der Internationalen Gesellschaft für Tiefenpsychologie (IGT) in Lindau konnten wir Dorothee Sölle mehrmals erleben. Zuerst nahm sie im Jahr 1989 an der Tagung »Die Suche nach Sinn heute« teil und ihr Vortrag trug damals den Titel »Die Ros' blüht ohn' Warum«[15], den Satz von Angelus Silesius, der sich mit dem trifft, was Meister Eckart über ein Leben »ohne Warum« sagte, ein Leben *sunder warumbe*: Er lebe, weil er lebe. Sodann sprach sie bei der Tagung 1994 mit dem Thema »Lebensübergänge« zum Verhältnis von Abschiednehmen und Freiheit.[16]

Bei einer Tagung im Jahr 2000 über »Lebenswerte im Zeitalter der Globalisierung«[17] vertrat sie die Meinung, dass angesichts der Globalisierung, in deren Strom das Individuum immer austauschbarer zu sein scheint, eine Verankerung in der mystischen Erfahrung für den Einzelnen immer notwendiger werde, aber auch für Gruppen, gerade für solche, die dem etwas entgegenzusetzen haben, in einem konkreten Handeln. Da bedeutet es, eine unglaubliche Widerstandskraft gegen den fast als unentrinnbar daherkommenden Sog einer gewissen Form der Globalisierung aufzubauen, die man nur aus einer sehr tiefen inneren Verankerung gewinnen kann.

Unvergesslich war mir Dorothees innere Freiheit, die geistige Energie, die diese 1929 geborene Kölnerin noch in ihrem 72. Lebensjahr auszusenden vermochte, indem sie auf einmal, mitten im Vortrag vom Rednerpult aus zu singen begann, ein Lied, das ihren vorgetragenen Gedanken wirksam untermalte. Auch Singen und Musizieren gehörte für sie zu den großen Befreiungserfahrungen. Viel mystisches Gut fand Dorothee Sölle in den alten Liedern verborgen, zum Beispiel bei Texten von Tersteegen, einem Mystiker des Protestantismus, oder bei Paul Gerhardt.

Sölle schreibt einmal: »Den mystischen Satz: ›Ich bin, was ich tue‹[18] empfinde ich oft beim Singen oder Klavierspielen. Also, dass ich ganz präsent bin. Dass da nichts von mir draußen ist oder daneben.«

Sie wünschte sich eine »Theopoesie« statt einer bloßen Theologie, ein genialer Einfall von ihr. Denn Zugang zu Gott und Kontakt mit Gott schien ihr immer mehr ein schöpferischer oder auch empfangender Akt zu sein statt eines rein reflektierenden. So trug sie z.B. mitten in einem Vortrag ein Gedicht vor, das zugleich zu meditieren sei. Ich zitiere es in Auszügen:

»Ich bin nicht allein

An einem strahlenden tag im november
bespreche ich alles mit meinem baum
der wind hat ihm die krone geplündert
halb hängt er noch
voll rost und gold

Der wind wird dir die schätze nehmen
sag ich ihm und er lächelt wippend
…

Meinst du gott kommt wieder hier vorbei

frag ich ihn absichtsvoll
er lächelt wippend
halb hängt er noch
voll rost und gold«[19]

Ein anderes Gedicht, von dem ich nur ein paar Zeilen anführe, ist adressiert an den »Menschenfreund«, der für sie Christus ist:

»...
Mach uns frei menschenfreund
von allen falschen wünschen mach uns ledig
vom schneller mehr und öfter trenne uns
vom besitz der uns besetzt hat
reiß uns los

Lass und fortgehen mit dir
hilf uns heraus
mach uns leer
dass gott uns füllen kann«[20]

Die Bitte um Leere, die Gott füllen kann, ist ein uraltes Thema der Mystik. Stimmt Sölles Satz auch für uns? Sind wir wirklich alle Mystiker? Selbst Sölles Mann, Fulbert Steffensky, fragte zunächst, als er nur die ersten Seiten von Dorothees Mystik-Buch in der Hand hielt, ob wir wirklich alle Mystiker seien. Er dachte dabei an seine Eltern, einfache katholische Christen. Als Vorwort zu ihrem Mystik-Buch lässt uns Dorothee Sölle an dem damaligen Gespräch mit ihrem Mann teilhaben. Ich zitiere ein paar Sätze daraus.[21] Ich finde es schön, mit zu vollziehen, wie die beiden hier ringen, um das rechte Verständnis der Mystik miteinander ringen.

Fulbert: Mich stört an der Mystik, dass sie eigentlich nichts für einfache Leute ist. Ich kann mir nicht vorstellen, dass meine Mutter oder mein Vater etwas von dem haben könnten, was du da versuchst.

Dorothee: Vielleicht kannte deine Mutter aber das Lied aus dem Gesangbuch – und sie summt – »In deine Lieb' versenken will ich mich ganz hinab, mein Herz will ich ihm schenken und alles, was ich hab.«

Fulbert: Frömmigkeit ja, aber Mystik?

Dorothee: Ich vermute, dass Mystik immer zugleich Frömmigkeit ist.

Fulbert: Ich komme noch einmal auf meine Mutter zurück. Ich glaube, dass sie sich jeden Satz der neutestamentlichen Tradition als Brot aneignen kann, von dem man in einem normalen und geplagten Leben existieren kann. Was aber soll sie mit den religiösen Sonderkünsten eines Jakob Böhme oder eines Johannes vom Kreuz anfangen? Das Evangelium selber hat es doch eher mit einfachen und einsichtigen Wünschen der Menschen zu tun. Dass eine gesund ist und nicht am Leben verzweifeln muss. Dass einer sehen und hören kann. Dass er einmal ohne Tränen leben kann. Und dass sie einen Namen hat. Es geht doch nicht um spirituelle Artistik, sondern um die einfache Möglichkeit des Lebens.

Dorothee: Geht es nicht den Mystikern genau um dieses Brot des Lebens? Die Schwierigkeit scheint mir die zu sein, dass die Menschen, auch deine Mutter, ganz sicher aber ihre Kinder und Enkel, eben nicht einfach dem Evangelium gegenüberstehen. Es ist doch auch entstellt, korrumpiert, zerstört, für viele längst zu Stein geworden. Die Mystik hat dagegen die Menschen, die von ihr ergriffen waren, gegen mächtige, erstarrte Institutionen geholfen, und sie tut es, zugegeben manchmal auf verquere Weise, auch heute. Spirituelle Artistik, wie du das nennst, mag hereinspielen, aber das Existentielle ist doch etwas ganz Anderes. Ich bin an einem Abend zu deiner Mutter ins Zimmer getreten, ohne anzuklopfen. Da saß die alte Frau mit gefalteten Händen ohne Handarbeit auf ihrem Stuhl. Ich weiß nicht, ob man das, was sie tat, beten oder nachsinnen nennen soll. Aber es war ein großer Friede bei ihr.

...

Dorothee: Mein wichtigstes Interesse ist gerade, die Mystik zu demokratisieren. Damit meine ich, die mystische Empfindlichkeit, die in uns allen steckt, wieder zuzulassen, sie auszugraben aus dem Schutt der Trivialität. Aus der Selbsttrivialisierung, wenn du so willst. Eine ältere Frau in New York hat mir von einer Begegnung mit einem Guru erzählt. Als sie ihrem schwarzen Pfarrer darüber berichtete, stellte der nur eine Frage, und die möchte ich Dir auch stellen. Hat er euch denn nicht gesagt, das wir alle Mystiker sind?

Fulbert: Dass wir alle Mystiker sind, dieser Satz ist ja nicht nur eine Feststellung, sondern eine Forderung ans Leben. Es soll kein Mensch nur sein Leben fristen, es soll kein Mensch sich erschöpfen im reinen Überleben. Jeder soll der Wahrheit nahe kommen können. Für jeden Menschen soll es Orte der Absichtslosigkeit geben, der Schau, der Wahrnehmung der Lebensschönheit – die fruitio, den Genuss Gottes. Wir sind alle Mystiker, der Satz enthält das Menschenrecht auf Schönheit und Schau. Gibt es so etwas wie das Menschenrecht auf die Schau Gottes? (S. 13–14)

Dieser kleine Dialog gehört zur Einleitung in Sölles Mystik-Buch. Sie spricht dann noch aus:

»Hingezogen hat mich zur Mystik der Traum, hier eine andere Gestalt von Spiritualität zu finden, die ich innerhalb des deutschen Protestantismus vermisste. Weniger dogmatisch, weniger verkopft und in historische Worthülsen verpackt. Weniger männerzentriert sollte das sein, was

ich suchte. Es sollte auf Erfahrung bezogen sein im doppelten Sinn des Wortes, das sowohl die Entstehung wie die Lebenskonsequenzen dieser Gottesliebe meint.«[22]

Ehe ich ausdrücklich über das spreche, was Sölles Denken über Mystik auszeichnet, nämlich dass es gälte, den Traum, den Gott von uns hat, zu erfüllen, möchte ich als Konzentrationsübung, wie sie selbst es nennt, ein Gedicht vorstellen und zum Durchmeditieren einladen. Es handelt vom Meer. Vielleicht ist es möglich, das Meer in unserer Vorstellung nahe zu uns heranzuholen. Sölle nennt dieses Gedicht »Konzentrationsübung«. Ich habe sie es lesen hören, im Saal der Lindauer Inselhalle im Jahr 2000. Man hätte eine Stecknadel fallen hören können:

»Konzentrationsübung

Wenn ich ganz still bin
kann ich von meinem bett aus
das meer rauschen hören
es genügt aber nicht ganz still zu sein
ich muß auch meine gedanken vom land abziehen

Es genügt nicht die gedanken vom festland abzuziehen
ich muß auch das atmen dem meer anpassen
weil ich beim einatmen weniger höre

Es genügt nicht den atem dem meer anzupassen
ich muß auch händen und füßen die ungeduld nehmen

Es genügt nicht hände und füße zu besänftigen
ich muß auch die bilder von mir weggeben

Es genügt nicht die bilder wegzugeben
ich muß auch das müssen lassen

Es genügt nicht das müssen zu lassen
solange ich das ich nicht verlasse

Es genügt nicht das ich zu lassen
ich lerne das fallen

Es genügt nicht zu fallen
aber während ich falle
und mir entsinke
höre ich auf
das meer zu suchen
weil das meer nun
von der küste heraufgekommen
in mein zimmer getreten
um mich ist

Wenn ich ganz still bin«[23]

Dieses Gedicht ist eine Anleitung, in das tiefere Meditieren zu gelangen. Man kann durchaus vom wirklichen Meer ausgehen und diese Meditation kann an einer Küste, kann dem realen Meer gegenüber, geschehen. Das Rauschen des Meeres und des Windes kann in die Meditation hineingenommen werden und sich mit unserem Atem austauschen. Wir können uns dabei so ganz an die Meditation des Meeres verlieren, dass wir zuletzt erfüllt sind vom Meer.

»Sie hatte große Träume und sie willigte ein in die Endlichkeit des Lebens.« So lese ich in der Todesanzeige für Dorothee Sölle, die gewiss von Fulbert Steffensky, ihrem Mann, so formuliert ist. »Große Träume« hatte sie, das erwies jedes Gespräch mit ihr, das zeigte sich in jedem ihrer Vorträge, ihrer Gedichte, ihrer Bücher. Dabei kenne ich keinen einzigen ihrer nächtlichen Träume – davon sprach sie nicht – sie sprach von den Träumen ihrer helllichten Tage, die trotzdem viel mehr waren als das, was wir üblicherweise »Tagträume« nennen. Es waren Träume, zum Beispiel von der biblischen Verheißung durch die Jahrhunderte hin, von deren Widerhall in ihr, der offenbar bis in ihr Unbewusstes reichte und es mitschwingen ließ. So konnte sie von »Gottes Wunsch« für uns schreiben, dass wir zum Werkzeug des Friedens würden bis in unsere Träume hinein. Damit bezieht sie sich auf das bekannte Gebet des Franz von Assisi: »O Herr, mach mich zum Werkzeug deines Friedens«. Und ihr Wunsch war, so davon erfüllt zu werden, dass sie sogar auch nachts davon träumen könnte. Aber es war vor allem ihr großer Tagtraum, ein Werkzeug des Friedens zu werden.[24]

Ihre Träume könnten und sollten also »Gottes Wünsche«, »Gottes Träume« – was sie als solche verstand – widerspiegeln: Sie möchte Gottes Träume mitträumen, weiterträumen und sie stellt sich vor, selbst von Gott geträumt zu sein. So lautet der Titel einer ihrer Gedichtbände: »Träume mich, Gott«.[25] Von Gott weiß sie sich geträumt, sonst wäre sie nach ihrer Vorstellung gar nicht da. Und Gott möge sie weiter träumen. Für Dorothee Sölle geht es darum vor allem, »die Träumenden zum Handeln zu bringen, und die Handelnden zum Träumen«.[26]

Einen dieser »Träume Gottes«, den sie vor allem mitträumen möchte, benennt sie, wie gesagt, mit dem Schlüsselwort des Franz von Assisi: ein Werkzeug des Friedens zu werden. Bei Dorothee Sölle ist das nicht nur ein Traum für sich selbst oder für den nächsten Freundeskreis, sondern es ist ein politischer Traum für die ganze Erde, in Übereinstimmung mit der biblischen Verheißung: »Wir warten auf einen neuen Himmel und auf eine neue Erde, in welchen Gerechtigkeit wohnt.« Und unsere Identität sei dort, wo wir noch nie waren, in der wahren Heimat des Menschen, einer Erde ohne Krieg. Und sie fährt fort und führt aus, wie dieser »große Traum« in ihrer persönlichen Gottesbeziehung verwurzelt ist: » ›Dein bin ich, o Gott‹, bedeutet«, so schreibt sie, »dass ich mich fallen lassen kann, dass meine Wünsche für mein Leben nicht klein und ängstlich sein müssen, sondern gerade so groß wie die

Wünsche und Verheißungen dessen, dem ich gehöre.«[27] Also nicht kleiner als Gottes Traum möchte sie sein.

Auch in der Tiefenpsychologie nennen wir die Träume, die weit über das Persönliche hinausgehen, »große Träume«. Sie betreffen die ganze Gesellschaft, die ganze Erde und damit die ganze Menschheit. Sie wurden in den alten Stammeskulturen von den Schamanen geträumt, im alten Israel von den Propheten und vielleicht auch von den Königen, die Verantwortung für ein ganzes Land zu tragen hatten. Dorothee Sölle wünschte sich, mittragen zu dürfen, mit Gott.

Seit ihrem frühen Buch »Die Hinreise« von 1975, in dem sie die Notwendigkeit innerer Erfahrung zum ersten Mal betonte, wertete Sölle die Kraft des Wünschens, des Sehnens im Menschen auf – im Gegensatz zu der seinerzeit modischen, auf Freud zurückgehenden Vorstellung, dass »Wunschdenken« vor allem als illusionär und realitätsfeindlich einzustufen sei. Freuds Vorstellung steht natürlich in einem anderen Zusammenhang, und ich möchte hier nicht gegen Freud polemisieren. Worauf es Dorothee Sölle ankommt, ist vielmehr dieses: Wünsche sind grundsätzlich wichtig. Sogar an Märchen-Beispielen, in denen bekanntlich »die Zeit, in denen das Wünschen noch geholfen hat«, immer wieder hervorgehoben wird, erläutert sie die schöpferische Kraft des Wünschens, die wir auch eine Kraft der Sehnsucht nennen könnten. Sölle möchte die Menschen wieder aufwecken zu ihren großen Wünschen, ihren großen Sehnsüchten, weil nur solche nämlich die Kraft des Imaginierens in sich tragen, des Voraus-Entwerfens, des Probehandelns. Alles aber, was wir ganz tief wünschen, gewinnt eine Tendenz, sich zu realisieren. Ich erinnere mich da an eine hochbetagte Freundin, die spirituell nicht unerfahren war, – erfahrener als ich, damals noch in meinen Dreißigern – die mir damals eines Tages in vollem Ernst sagte: »Was du dir ganz tief wünschst, mit deinem ganzen

Wesen, das geht in Erfüllung.« Da ich das im ersten Moment für Spinnerei hielt, fragte sie souverän zurück: »Wusstest du das denn nicht?« Sie war gewiss lebenserfahren. Und ihre Vorstellung hat mich nicht mehr ganz losgelassen. So ähnlich meint es Dorothee Sölle auch, doch bezieht sie die Möglichkeit der Wunscherfüllung immer auf Gott. Große Wünsche setzen starke, auch emotionale Kräfte frei: Sehnsucht, Liebe, Mut, die der Verwirklichung des Voraus-Entworfenen zugute kommen, indem sie den Energie-Schub, den »Sprit« gleichsam dazu geben. Das gibt geistigen und emotionalen »Sprit«, wenn wir uns etwas ganz tief wünschen.

Als tiefsten Wunsch und Traum eines Menschen im Blick auf sich selbst nennt Sölle hier »den Wunsch, ganz zu sein«. Für sie ist dies eben nicht der Wunsch eines schwachen, verachteten und sich selbst missachtenden Menschen, wie manche Christen es sind, indem sie ihren Glauben missverstehen, sondern es ist gerade »der wachsende Wunsch, der aus einem erfüllten Leben kommt«. Sie beschreibt diesen tiefsten Traum des Menschen, die Sehnsucht nach Selbst-Transzendierung, in Anklang an Kierkegaards Formulierung, *Gottes zu bedürfen sei des Menschen höchste Vollkommenheit*, auch dies ist ein mystischer Gedanke. Gott zu brauchen sei in uns angelegt, gehöre zur *condition humaine*, der Pfeil der Sehnsucht gehe über alles Gegebene hinaus. »Der Schmerz um das noch ausstehende Reich Gottes ist zugleich der größte Reichtum des Menschen«[28], ergänzt Sölle.

Auch angesichts der Begrenzungen unseres Lebens wie Endlichkeit, Tod und Leiden wird der Wunsch, ganz zu sein, laut als »das Bedürfnis nach einem unzerstückten Leben«[29]: »So drückt das alte Wort der religiösen Sprache ›Heil‹ gerade dieses Ganz-Sein aus, dieses Unzerstückelt-Sein, Nicht-kaputt-sein.« Es sei zugleich, so Sölle, »der

Wunsch nach einem Leben ohne Berechnung und ohne Angst, ohne äußere oder bereits verinnerlichte Erfolgskontrolle, ohne Absicherung. Vertrauen können, hoffen können, glauben können – alle diese Erfahrungen sind mit einem intensiven Glücksgefühl verbunden, und um eben dieses Glück des Ganzseins geht es in der Religion«, so schreibt sie.[30] Es ist ein Glücksgefühl, überhaupt vertrauen und hoffen zu können.

Wenn wir nun nach den wichtigsten Wünschen, den wichtigsten Trauminhalten der Dorothee Sölle fragen, so zeigen sie sich immer in Verbindung mit Gott: »Hat Gott Zukunft? Gottes Zukunft ist glaubbar nur in der Erfahrung von Gottes Gegenwart. Nur wenn wir die Gegenwart Gottes erfahren, können wir auch um die Zukunft Gottes beten oder von ihr träumen.« Träumen und Beten rücken bei Dorothee Sölle überhaupt eng zusammen. Von diesem Gedanken her kommt sie zur Mystik, die sie später als Basis des Widerstands, der Widerstandsfähigkeit gegen Unrecht und Gewalt in der Welt, wie wir sahen, immer stärker bestimmt: »Wenn es uns gelingt, wieder eine Mystik der Gegenwart Gottes mitzuteilen, eine Mystik, die zugleich den Widerstand, die Revolution Gottes enthält, nur dann können wir ernsthaft von der Zukunft Gottes sprechen.«[31]

Eines der schönsten, sehr weiblich empfundenen Traumbilder Dorothee Sölles ist dieses, dass wir Menschen dazu da seien, »am Mantel Gottes mitzustricken«:

»Eine große decke breite aus
aus wünschen die so viel zärtlichkeit haben
dass sie gebetet werden
und lieben ist das tätigkeitswort
das zu gott gehört
so kommt die decke von gott
...

eine dunkle decke
ausgebreitet die hoffnung der armen zu schützen
bis die nacht endet
bis endlich die nacht endet«[32]

Die Voraussetzung dazu, dass wir am Mantel Gottes mitstricken können, steckt in der Überzeugung, dass Gott selbst uns träumt: »Gott träumt uns, und wir sollen ihn nicht alleine träumen lassen.«[33] Das ist ihr neuer Gedanke.

Zum Mantel Gottes, an dem wir mitstricken, gehört vor allem die Schöpfung: »Ich denke, die mystische Spiritualität des Einsseins mit der Natur« – wir haben ihr Baumgedicht, ihr Meergedicht betrachtet – »ist die beste Vorbereitung auf das andere Leben, das wir suchen. Ein sakramentaler Umgang mit dem Brot und dem Wasser, dem eigenen Leib und den nichtmenschlichen Geschwistern, also den Tieren und Pflanzen, der Energie und dem Kosmos selber wächst aus dem Abgrund, der Gott ist.«[34]

Dorothee Sölle erinnert an eine Gedichtzeile aus Mittelamerika, wo sie sich an verschiedenen Aktivitäten und Aktionen zur Befreiung der Menschen dort beteiligte, eine Gedichtzeile, die sie sehr liebt: »Die Erde dreht sich zärtlich, compañera,« und fügt hinzu: »Dieses Drehen und Wiegen soll nicht aufhören, und wir selbst sind Teil der Bewegung.«

So werden wir – den Träumen Dorothee Sölles folgend – aufgerufen, an der Schöpfung bewusst zu partizipieren, mitzuarbeiten an der Schöpfung, die nicht als vergangene, abgeschlossene Tatsache vorzustellen ist, sondern als Prozess, der unsere eigene Zukunft entwirft. Hier erinnere ich wieder an Hildegard von Bingen, die früh dazu aufrief, an der Schöpfung mitzubauen, wie an »Gottes schönem Leibe«. Dazu seien wir da. Einer von Dorothees Träumen lautet, in Gedichtform gefasst, in die für sie stimmigste Sprache der Träume, so:

»…
Einmal werden die bäume die lehrer sein
das wasser wird trinkbar
und das lob so leise
wie der wind an einem septembermorgen
…«[35]

Eine Spiritualität der Schöpfung, so Sölle, erinnert uns zugleich daran, »dass wir zur Freude geboren sind«, zur Freude, die im Herzen lebendig sein kann, selbst bei den immer möglichen körperlichen Schmerzen und Gebrechen, von denen sie selbst viele kannte. In diesem Zusammenhang sagte sie auch: »Der sich in Gott verlierende Mensch verliert die totale Abhängigkeit vom körperlichen Wohlbefinden und tauscht sie gegen eine Interdependenz mit dem, was ›im Herzen‹ ist.« Es gibt offenbar auch eine Mystik des Umgangs mit Schmerzen.

In dem Gedicht »Ich dein baum«[36], auch ein poetisches Bild, spricht Dorothee Sölle einmal in schöner Klarheit aus, wie all ihr eigenes Träumen sich dem Träumen Gottes verdanke:

»…
Du hast mich geträumt gott
wie ich den aufrechten gang übe
und niederknien lerne
schöner als ich jetzt bin
glücklicher als ich mich traue
freier als bei uns erlaubt«[37]

Diese Gegenseitigkeit des Träumens und Geträumtwerdens ist es, was ihre Art des Träumens, das zugleich Zwiesprache mit Gott ist, ausmacht:

»…
Hör nicht auf mich zu träumen gott
ich will nicht aufhören mich zu erinnern
dass ich dein baum bin
gepflanzt an den wasserbächen
des lebens«[38]

Kommt nicht ein neues Lebensgefühl auf, ein neues Selbstgefühl und Selbstwertgefühl, wenn ich diese Vorstellung, der Baum Gottes zu sein, in mich einlasse?

Die Sprache der Poesie war für Dorothee Sölle die eigentliche Sprache ihrer Träume und damit »Theo-Poesie«, die sie für die adäquatere Sprache angesichts der Wirklichkeit Gottes hielt, im Vergleich zur klassischen Theologie mit ihrem Sprechen über Gott, in Analogie zum Logos der Wissenschaft.

»Theo-Poesie« dagegen ist, analog zu den Psalmen, Zwiesprache mit Gott in Frage, Zweifel, Staunen und Rühmen. Wir erinnern uns: Alle die großen Frauen, die ich vorgestellt habe, hatten ein besonderes Verhältnis zur Sprache. Hildegard von Bingen war selbst eine große Theo-Poetin. Marguerite Porète war es nicht minder, schrieb sie doch ihre Dialoge auch in einer hinreißenden Art und literarischen Qualität. Teresa von Avila – keine Frage – war eine starke Ausdruckskraft in Wort und Schrift eigen. Edith Stein wiederum schrieb in einer prägnanten wissenschaftlichen Prosa über die Theo-Poesie des Johannes vom Kreuz. Dorothee Sölle schließlich sagt, Theologie müsse in einer Sprache, die betet und singt, ausgedrückt werden, also in Gestalt von Theo-Poesie.

Ich mache jetzt einen Sprung zu einem letzten Gedanken. Schon während des Evangelischen Kirchentags in Leipzig war es, dass Dorothee Sölle einen Gedanken in den Raum warf, der mich traf wie ein elektrischer Funke: Einzuwilligen in die eigene Sterblichkeit sei eine Konsequenz ökologischen Denkens. So dass wir, wenn wir von Ökologie sprächen, nicht nur von einer heilen Erde schwärmen, sondern auch unsere Sterblichkeit mitbedenken sollten, die zur Ökologie des Lebens dazu gehöre.

Als ich dann in ihrem Todesjahr die Todesanzeige für Dorothee Sölle in der Hand hielt, sah ich den Moment wieder vor mir, in dem sie in all ihrer temperamentvollen Lebendigkeit diesen Gedanken vertreten hatte. Damals war sie im Blick auf ihre Gesundheit schon spürbar gefährdet gewesen und hatte also gewusst, wovon sie sprach. Die Schlichtheit und Kühnheit des Gedankens, einzuwilligen in die Sterblichkeit als Konsequenz ökologischen Denkens, berührte mich, und ich spürte, dass ich ihn mir zu eigen machen würde.

In Berlin, während einer Tagung der Katholischen Akademie, traf ich sie zuletzt: Sie hatte Meister Eckarts eigenwillige Auslegung der Maria- und Martha-Geschichte vorgetragen, wo Eckart bekanntlich für Martha als die reifere der beiden Frauen plädiert, diejenige nämlich, die von der Mystik des Hörens auf den Meister schließlich zu einer selbständig Handelnden und den Meister Umsorgenden fortgeschritten sei. Martha nämlich wäre demnach nicht beim Zuhören hängen geblieben, sondern hätte sich auch praktisch um Jesus und dessen Wohlergehen zu kümmern begonnen. Und Sölle meint: Das sei die reifere Form des Verhaltens gewesen. Maria hätte beim Hören auf des Meisters Wort gerade erst die Anfangsgründe des Glaubens erlernt. Diese Auslegung Meister Eckarts, die auch Sölle begeisterte, schien ein bisschen auch auf sie selber zuzutreffen. War nicht Dorothee Sölle in ihrem engagierten Leben selbst eine solche Martha geworden? Umhegte sie nicht Gottes Sache und wartete nicht darauf, von Gott umsorgt zu werden? Das ist der revolutionäre Gedanke, den sie schon in ihrem frühen Buch »Stellvertretung«[39] ausführte. Ihr Lebenstraum nämlich, sich von ihrem Gott gebraucht zu wissen, bedeutete Glück für sie.

Unser letztes Gespräch, in einer Pause zwischen Vorträgen, ging um die rechte Einstellung zum Sterben, hatte ich sie doch nach ihrer Gesundheit befragt. Kurz zuvor, so wusste ich, hatte sie einen tiefen gesundheitlichen Einbruch erlitten, so dass kein Mensch geglaubt hätte, dass sie überhaupt noch einmal zu Vorträgen würde erscheinen können. Vom Tode gestreift war sie jetzt dennoch in Berlin auf dieser Tagung erschienen. Dort habe ich sie etwas besorgt angesprochen, ob sie sich nicht etwas Schonung gönnen wolle? Nein, sie mochte sich nicht »schonen«, wie sie betonte, mochte nicht auf das »Verteilen Gottes«, wie sie ihre öffentliche Wirksamkeit originell nannte, verzichten, um sich für irgendetwas Vages – wofür denn?, so fragte sie zurück – aufzusparen. Gebraucht zu werden, dem Traum Gottes zu entsprechen, indem sie dessen Traum an die Menschen weiterreichte, dies bedeutete für sie zugleich Erfüllung: »Ich bin zu Hause in diesem Kosmos, ohne dass ich jetzt meine Teilhaftigkeit, die ich vielleicht siebzig Jahre lang gehabt habe, weiterleben müsste.« Auch das hat sie mit Überzeugung geschrieben.[40]

Noch in ihren Entwürfen zu einer »Mystik des Todes«, die erst nach ihrem Tod erschien, erzählt sie die kleine Anekdote: »Hauptsache, unser Herrgott bleibt gesund«, soll da ein abgearbeiteter alter Bauer geantwortet haben, als sein Landpfarrer ihn nach seinem Befinden fragte. So hätte es auch Sölle selber sagen können. Sie erwartete, gleichsam »in Gott hinein« zu sterben, ohne auf die Vorstellung einer individuellen Auferstehung abzuheben. Sie ließ offen, was nach dem Tod geschehen würde, denn daran hing für sie nichts. Dass das »größere Leben«, Gottes Leben und Traum für die Welt weitergehe, sich weiter verwirkliche, das war ihr genug. *Solo dios, basta.* Es hat mich tief beeindruckt, dieses kleine Gespräch in der Pause zwischen zwei Kaffeetassen, und hat mich daran erinnert, wie sie in Lindau bei der Tagung der IGT im Jahr zuvor ihr Gedicht »Gegen den Tod« vorgetragen hatte. Dieses Gedicht soll jetzt am Schluss stehen, als ihr persönlicher Traum gegen den Tod:

»…
Sterben muss ich
aber das ist auch alles
was ich für den tod tu

Lachen werd ich gegen ihn
geschichten erzählen
wie man ihn überlistet hat
und wie die frauen ihn
aus dem land trieben

Singen werd ich
und ihm land abgewinnen
mit jedem ton

aber das ist auch alles«[41]

Nun mögen wir entscheiden: Gehört Dorothee Sölle zu den Mystikerinnen oder gehört sie nicht? Aber es ist letztlich gar nicht wichtig, wie wir hier entscheiden. Wichtig ist vielmehr, dass wir alle, laut Dorothee Sölle, zu den Mystikerinnen gehören. Und ich denke, dieses Buch wäre nicht geschrieben, nicht gelesen worden, wenn wir nicht selbst berührt wären von dem, was es bei den Mystikerinnen zu erfahren gibt, Weite des Herzens.

Sechstes Kapitel

Zugangswege zur Mystik

Hinführende Übungen

Zu Hildegard von Bingen:

Erste Übung:
Wenn wir Hildegards Vorstellung von der Grünheit (viriditas) nachvollziehen wollen, kann es hilfreich sein, wenn wir zunächst wirklich die Farbe Grün vor unsere inneren Augen treten lassen, wenn wir Grün imaginieren, zunächst in seinen vielen Tönungen, vom frühlinghaften Maigrün über farbgesättigtes Sommergrün bis hin zum dunklen Tannengrün, dem feinen Blauton der wintergrünen Nadelbäume, der Blautannen, Weißtannen. So gehen wir mit dem Grün durch die Jahreszeiten, verweilen vielleicht bei dem Grünton, der uns in dem Moment am besten entspricht, lassen dazu Gefühle kommen, Assoziationen, Bilder. Das Grün wird sich vielleicht mit einer konkreten Form, mit etwas Konkretem, etwas Grünem verbinden wollen: Wir lassen das geschehen und sehen zu, welche Bilder aus dem Grün erwachsen. Schließlich können wir zu Pinsel und Farbe greifen und aus unserer Imagination ein Bild gestalten: ein Bild der Grünheit.

Zweite Übung:
Wenn wir eine heilkräftige Übung, die Hildegard zugeschrieben wird, mit vollziehen wollen, so gehen wir hinaus auf eine der Wiesen, die zum Niederliegen einladen und strecken uns in ihr aus, in ihrem weichen, nicht allzu hohen Gras, in ihren Blumen und Kräutern legen wir uns nieder. Wir spüren der Wachstumskraft in diesen Gräsern

und Kräutern nach, dem Duft der Blumen, und stellen uns vor, wir würden nun selbst Teil dieser Wiese: spüren, wie die Säfte und Kräfte, die die Pflanzen und Kräuter durchströmen, auch auf unseren eigenen Körper übergehen, auch ihn mit Lebenskraft durchströmen, und geben uns ganz diesem Gefühl hin, dass uns grüne Lebensenergie durchflutet, uns erfrischt, kräftigt, belebt, und gerade dorthin besonders intensiv strömt, wo wir Schwächen oder auch Schmerzen in unserem Organismus spüren.

Als Variante sei empfohlen, sich dort, wo eine Wiese, um sich hineinzulegen nicht zur Verfügung steht, wir eine solche imaginieren und uns dann in unserer Vorstellung auf ihr ausstrecken.

Dritte Übung:
Hildegards Hymne auf das »alleredelste Grün« lädt dazu ein, Strophe für Strophe mitvollzogen, mit-imaginiert und mit-reflektiert zu werden. »O, edelstes Grün«, beginnt Hildegard, »du wurzelst in der Sonne und leuchtest in klarer Heiterkeit«.

So spricht sie es an, per Du, wie eine Person – so sprechen wir Menschen alles an, was uns nahe kommt, alles mit dem es zu einer Begegnung kommt, ob es unsere Gartenblumen, unsere Bäume, unsere Sträucher sind. Das Lebendige schließlich, das Blühende sprechen wir auch als das Heilige an und gewinnen dadurch nahen Kontakt. So spricht Hildegard das Grün auf seine »Wurzeln« an, die nicht einfach in der Erde, wie wir vermuten würden, sondern letztlich in der Sonne gründen, die es ist, die durch Photosynthese das Chlorophyll entstehen lässt.

Nicht nur »irdisch« also, nein, auch »himmlisch« ist das Grün zu verstehen, und sein Leuchten ist von »klarer Heiterkeit«. Klare Heiterkeit kann der Mensch empfinden, wenn er das Grün erlebt: es ist in der Tat eine Farbe, die heiter stimmt, froh.

»Im Rund eines kreisenden Rades« spielt das alles, »das die Herrlichkeit des Irdischen nicht fasst«. Ist diese Herrlichkeit nicht noch größer als alles, was sich fassen lässt?

Am eigenartigsten an diesem Hymnus, der an überraschenden Wendungen reich ist, erscheint mir das plötzliche »Erröten« des Grün, sein Umschlagen in die Komplementärfarbe Rot, neben der es erst recht leuchtet, geschieht dies doch bei der »Umarmung durch die Herzkraft himmlischer Geheimnisse«. Der Hymnus endet mit den Zeilen: »Du Grün, bist umschlossen von Liebe!« Hildegards Farbe der Liebe, des göttlichen Liebesfeuers ist Rot.

So können wir uns diesen Hymnus an das »edelste Grün«, das von Hildegard per du angesprochen und gepriesen wird, als ein komplementäres Liebesfarbspiel zwischen Rot und Grün vorstellen, können dazu imaginieren, Bild um Bild, das dieser Hymnus beschwört und können schließlich zu diesem Hymnus auch malen und gestalten, wie überhaupt zu dem Komplementärkontrast Rot und Grün, Hoffnung und Liebe, Natur und Göttliches. Am intensivsten geschieht dies, wenn wir Hildegards Musik zu diesem Hymnus hören.

Vierte Übung:
Hildegards Hymnus an die »Heilende Kraft« bzw. den »Heilenden Weg« kann auf ähnliche Weise mit-imaginiert und damit ausgemalt werden wie der eben beschriebene an das »edelste Grün«.

Hierzu sind uns aber auch Noten erhalten und so können wir ihn miteinander singen. Wo Noten fehlen, können wir diesen oder auch andere Hildegard-Hymnen den verschiedenen Aufnahmen auf CD nachsingen. Hildegard selbst hat aller Wahrscheinlichkeit nach nicht nach Noten singen gelehrt, sondern hat wohl spontan ihren Schwestern vorgesungen, die jeweils nachsangen. Manchmal soll sie sich auch in rhythmisch tanzenden und schwingenden

Schritten bewegt haben, wenn ihr eine neue Melodie eingefallen, eingegeben war.

Es lässt sich mit Hildegards Melodien im Sinn schwingend ausschreiten, ja tanzen. Christiane Wieland hat Choreographien zu mehreren Hymnen entworfen, ich selbst habe mit ihr solche Hildegard-Schreittänze mit vollzogen, die von tiefer Spiritualität sind. Es ist eine meditative Übung, solche Tänze mitzutanzen, sie aber auch selber zu gestalten, indem wir ihre Hymnen ausschreiten.

Der Hymnus von der »Heilenden Kraft« endet mit einem Lob an diese Kraft, die ihr Wirken aufs Schönste beschreibt:

»Wehest Weisheit ins Leben
und mit der Weisheit
die Freude.«

Auch dies können wir meditieren.

Wie hängen Weisheit und Freude zusammen?

Fünfte Übung:
Wir imaginieren, das entsprechende Bild aus dem Rupertsberger Codex vor Augen, eine Schau Hildegards mit. Sie sieht da eine saphirblaue Menschengestalt, die durch und durch von zwei Lichtkreisen durchdrungen ist, der eine mehr sonnen-, der andere mehr mondhaft, die sie berühren, aber nicht verbrennen. Sie weiß, dass es sich um eine einheitliche Kraft handelt. Die saphirblaue Menschengestalt ist durchlässig für das doppelte Energiefeld der Sonnen- und Mondkräfte, die sie in einer wie segnenden Geste zu dem Betrachter hin ausstrahlt und mit dieser Geste zugleich Distanz wahrt gegenüber dem, was von außen kommt.

Auch wenn Hildegard bei ihrem ersten Verstehensversuch dieser Schau, die ja unkommentiert über sie kam, bei dem saphirblauen Menschen, dem Menschen, der wie ein Edelstein ist, zunächst an Christus als an den wahren Menschen gedacht haben mag, so ist diese Gestalt dem Buchmaler, der Buchmalerin als eine eher weibliche Gestalt geraten, die mit dem üblichen Typus, in dem Christus gemalt wird, nichts gemeinsam hat. Hier ist wahrscheinlich Hildegard gemeint, doch nicht einfach die historische Gestalt Hildegard von Bingen, sondern ihr saphirblauer Kern, ihr wahres Selbst, das in konzentrischen Kreisen umstrahlt ist, einmal von dem silbernen Mondlicht und von dem rötlichgoldenen Sonnenlicht, als zwei göttlichen Kraftfeldern. Mit dieser diaphanen saphirblauen Klarheit unseres wahren »Selbst« können auch wir uns bei der Kontemplation dieses Bildes, das jetzt »in uns« ist, das wir wie auswendig lernen können, selber auf die sonnen- und mondhaften Kraftfelder beziehen, die uns umgeben und erfüllen, als geistige und seelische Energie des »Lebens selbst«.[1]

Sechste Übung:
Übung zur Grünen Sophia: Eine weitere große Schau Hildegards können wir annähernd mitvollziehen, wenn wir uns die entsprechenden Bilder vor Augen treten lassen: Wir sehen zunächst einen großen Kreis, ein Rund, ein Symbol für das Große Ganze des Lebens, der Welt, ja des Alls – und im Zentrum dieses Kreises erscheint eine Frauengestalt, die ihn schließlich ganz und gar ausfüllt, erfüllt. Wir sehen zuerst nur das Grün ihres seidenen Mantels, das nun auch in dem Kreis dominiert, dann ihre roten Schuhe, ihre Edelsteine, die das Gewand in allen Farben schmücken. Sehr weiblich empfunden ist diese Gestalt in dem seiden- herabfließenden Gewand und in den leuchtend roten Schuhen, die dem warmen Rot ihres Gesichts entspricht, für Hildegard die Farbe flammender Liebe. Sie hält wie Mose zwei leuchtende Tafeln in der Hand, das ungeschriebene Gesetz des Lebens. Nehmen wir dieses Bild in uns auf, als von ihr geschaute Bild, das wir uns nun aber aneignen, zueignen dürfen: ein Symbol der Weisheit, von

der wir, auch wenn es unser Verstehen übersteigt, das Große Ganze des Lebens durchdrungen und erfüllt glauben. Die Frauengestalt im grünen Seidenmantel ist eine Symbol-Gestalt für diese Weisheit, bzw. Sophia, die an einigen Stellen der Bibel als Partnerin Gottes bei der Schöpfung bekannt und benannt ist.

Dieses Mit-Imaginieren von Hildegards Schau ist eine wichtige Möglichkeit, die Gottesvorstellung, die Vorstellung vom Heiligen in der Welt durch eine weibliche Symbolisierung zu erweitern und zu ergänzen.

Versuchen wir dies durch Imagination der »Grünen Sophia«, auch vor dem Bild aus dem Codex von Lucca, das zu Hildegards *liber divinorum operum*, ihrer Kosmos-Schrift entstanden ist.[2] Auch hier kann ein eigener Gestaltungsversuch erfolgen: eine Gestaltung der »Grünen Sophia«, die das All erfüllt, ein Bild, an dem wir unsere Schau vertiefen können.

Durch Mit-Imaginieren also und Nachgestalten, durch Mitlieben und Mitleiden, durch Malen, Dichten, Tanzen und Musizieren mit den Frauen, die wir Mystikerinnen nennen, können und mögen wir unseren eigenen Zugang zur Mystik finden.

Zu Marguerite Porète:

Erste Übung:
Die Übung der Liebe: Marguerite Porètes Annäherung an »Gott« können wir vielleicht ein Stück weit nachvollziehen, wenn wir ihre Vorstellung des »Fern-Nahen« mit zu vollziehen versuchen.

Dabei mag uns die Erfahrung mit einem geliebten Menschen den Weg weisen, den Pfeil unserer Liebe bis ins Transzendente fliegen zu lassen.

Auch ein geliebter Mensch ist für die Liebende immer

zugleich ein Naher und ein Ferner: Die Augenblicke gelebter Nähe werden innerlich auch in die Zeiten der Entfernung mitgenommen, in Erinnerung, Vergegenwärtigung und Sehnsucht. In der Sehnsucht nach dem anderen; indem er oder sie uns spürbar fehlt, ist er oder sie mir zugleich stark gegenwärtig, zieht mich gleichsam zu sich heran.

In diesem Sinne haben Mystikerinnen in der Sehnsucht nach »Gott«, nach »dem Leben selbst« immer auch schon die Annäherung und Anziehung von der anderen Seite her, von der Seite des Ersehnten her, wahrgenommen.

Wenn wir Marguerites Mystik der Liebe zu »Gott« verstehen und uns auf sie einlassen wollen, lassen wir am besten unsere eigene Sehnsucht zu, nehmen sie wahr – und mit ihr die Erinnerung an erfüllte Augenblicke, in denen »das Leben selbst«, das »Heilige«, »Gott« uns nahe waren.

Aus der Erinnerung wird Vergegenwärtigung, aus der Vergegenwärtigung Sehnsucht und zugleich das Gefühl, vom Ersehnten herangezogen zu sein in solche erfüllte Momente. Aus der Sehnsucht kommt ein Wissen um ein Angezogenwerden von der anderen Seite her. Darüber kann es zur Wiederbegegnung, zur Wiedervereinigung kommen.

Ein Gedanke aus der Sufi-Mystik, der in die gleiche Richtung weist, mag uns hierfür hilfreich sein: Danach kann auch die unerfüllte Liebe zu einem anderen Menschen als »Pfeil der Sehnsucht« verstanden werden, der über alle menschlich mögliche Liebe hinaus ins Transzendente, zur »Liebe selbst«, zum göttlichen Geliebten gleichsam vorausfliegt.

In diesem Sinne können wir üben zu lieben wie Marguerite Porète, für die die Liebe alles war.

Zweite Übung:
Die Übung der Freiheit: Aus der Liebesverbundenheit mit »Gott«, mit »dem Geheimnis des Lebens«, mit dem »Leben selbst«, erwuchs Marguerite Porète eine unerhörte

und hinreißende Freiheit, die in uns die Sehnsucht nach solcher Freiheit erwecken kann.

Stellen wir uns also eine Abhängigkeit vor, von der wir wissen, eine Gebundenheit, die es in unserem Leben gibt, vor die inneren Augen, erinnern wir uns daran, wie wir uns bisher bemühten, darüber hinauszukommen, und legen wir nun eben diese Abhängigkeit, diese Gebundenheit in das Licht solcher Freiheit, wie Marguerite sie kannte, oder besser noch: werfen wir sie in den Wind der inneren Freiheit, der sie davonträgt, wie er auch uns selbst beflügelt, und schon wird unsere Sehnsucht nach dieser Freiheit neu entfacht und gewinnt große Intensität. Mit der Sehnsucht aber wächst die Chance, dass wir aus unserer Gebundenheit loskommen und hinaus in den Wind der Freiheit treten, von dem wir uns tragen lassen.

Was ist aber dieser Wind der Freiheit? Bei Marguerite ist er nichts anderes als der Sturm der Liebe, der von dem Unbedingten, von Gott ausgeht, dem »hinreißend Fern-Nahen«. Es ist Liebe, von der ich mich hinreißen lassen kann und vor der alles Bedingte und Begrenzende unwichtig wird, so dass ich es loslassen kann. Dieses Hingerissensein von Gottes Liebe gibt zugleich Gelassenheit in allen anderen Dingen. Verbunden mit dem Liebes- und Lebensatem, der die Welt durchweht, kann uns nichts mehr trennen vom Leben selbst, von der Liebe selbst, die wir Gott nennen können. In diesem Erleben können wir unsere kleineren und größeren Ängste loslassen, die wir zunächst einmal benennen und bewusst machen, indem wir sie niederschreiben. In dieser Benennung werden sie schon wie in einer ersten Geste auch gebannt. Und wenn wir sie niedergeschrieben haben, werfen wir sie in die wachsende Erfahrung hinein, in den Wind der Freiheit, in das Wissen und die Erfahrung, von der Liebe getragen zu sein, die letztlich – so der Johannes-Brief im Neuen Testament – Gott selbst ist. (1. Joh. 4,16)

Imaginieren wir doch diese Übung aus, wie uns der große Atem der Liebe, der Wind der Freiheit ergreift und über uns und unsere Ängste und Beengtheiten hinausträgt. Erleben wir dieses Fliegen im Wind der Freiheit und spüren wir, wohin sie uns trägt.

Zu Teresa von Avila:

Erste Übung:
Wenn wir Teresa von Avilas wesentlichen Anstoß selber aufnehmen wollen, dann suchen wir zuerst die Stille auf, eine Klausur, eine Klause, die auch unser Zimmer sein kann oder ein ruhiger Ort draußen in der Natur, und werden selber still. Wir lassen uns in dieser Zeit, die nicht zu kurz sein soll, durch nichts ablenken, von nichts, was »draußen« los ist, stören oder umtreiben, sondern versuchen in der Stille zu bleiben, bis wir wirklich »da« sind, präsent sind, bis wir uns selber spüren. Von da an können wir uns allmählich immer mehr tragen lassen, getragen und umfangen fühlen von einem größeren Leben. Ich spüre dieses größere Leben in mir, das ich nicht selbst steuern muss, indem ich auf meinen Herzschlag, den Atem, den Puls achte. Hier lebt das Leben in mir, ohne dass ich etwas dazu oder dagegen tun kann, ich bin umfangen von einem größeren Leben. Dieses größere Leben erfahre ich auch um mich herum: im Wind, im Licht, in den lebendigen Stimmen der Vögel, der Tiere und der Menschen, die ich um mich höre. Hieraus kann eine Erfahrung von Zugehörigkeit kommen, von Geborgenheit, auch von größerer Freiheit.

Mit Teresa können wir aus solchen Zeiten der Stille, denen sie eine gewisse Regelmäßigkeit wünscht, eine große Kraft zum Handeln und Wirken in der Außenwelt gewinnen, dazu den »Geschmack am vollen Leben«. Wenn Stille dem Fasten entspricht, dann das Wirken in der Welt dem Rebhuhn als köstliche Speise.

Teresa wiederum hat, wie wir hörten, auch die Freiheit, in hingegebener Arbeit im Alltag, sei es mit den Kochtöpfen oder mit Menschen, die Chance solcher Ganzheitserfahrung gesehen: Sie zwingt keinem die Erfahrung der Stille als lebensnotwendig auf, sie weist nur darauf hin, wie groß die Chance ist, in der Stille ganz Neues zu erfahren.

Zweite Übung:
Teresas bildhafte Vorstellung, einen inneren Garten, einen »Seelengarten« gleichsam anzulegen, eignet sich besonders gut zum ersten Einsteigen in solche spirituelle Imagination und kann doch bald in große Tiefen der Erfahrung führen.

Zuerst also stelle ich mir vor, einen Garten anzulegen. Dabei merke ich vielleicht sogar, dass er schon in mir angelegt ist und dass ich ihn nur bewusster betreten und bearbeiten kann.

Gleich stellt sich die Frage der Bewässerung, ein Garten muss ja regelmäßig begossen werden, besprüht, besprengt, damit er Wachstum hervorbringen kann.

Da Garten und Bewässerung beide symbolisch für einen Raum und einen Vorgang in meinem Innern stehen, reicht es bereits, mir die »Bewässerung« meines »Gartens« genauer auszumalen und vorzustellen, um auch innerlich etwas in Bewegung zu bringen. Ich kann das entweder mit Hilfe von Notizen oder auch mit Hilfe bildnerischer Gestaltungsmittel tun, indem ich diesen Garten und alles, was zu ihm gehört, was ich anpflanzen und verändern möchte, male.

Als zweiten Schritt regt Teresa an, Eimer um Eimer voll Wasser aus dem Brunnen zu ziehen und das, was bereits wächst, zu begießen, Gießkanne um Gießkanne. Das ist anfangs mühsam und ungewohnt, aber unabdingbar. Durch Weiternotieren und Weitermalen, und indem ich mir klarmache, welche Vorgänge das Begießen der einzelnen Pflanzen psychisch und spirituell bedeuten mögen, begieße ich gleichsam meine inneren Möglichkeiten und rege das weitere Wachstum an.

Im Laufe der Zeit muss ich nicht mehr jeden Eimer einzeln aus dem Brunnen schöpfen, aus der Tiefe der Seele oder aus dem »Brunnenquell aller Gnaden«, sondern ich gewinne eine gewisse Übung im Bewässern und komme, mit Teresa, auf die Idee, mir ein Schöpfrad anzuschaffen, das viele Eimer zugleich aus der Tiefe holen kann. Ich imaginiere und male solch ein Schöpfrad, verbinde es mit der Wasserquelle, dem Wasserbehälter und kann nun schon reicher bewässern, besser bewässern. Ich stelle mir vor, wie das im einzelnen geht. Ich stelle mir jetzt auch vor, was solch ein Schöpfrad in meinem inneren Leben wäre, ob es regelmäßiger Besuch eines Kurses, das Erlernen einer bestimmten Methode, das Kennenlernen, eines meditativen Meisters ist, noch immer trage ich die Gießkanne zu jeder Pflanze, aber ich weiß nun schon, wo ich immer wieder Wasser bekommen kann.

Schließlich gewinne ich mit Teresa so große Erfahrung mit der Bewässerungsmöglichkeit meines Seelengartens, dass ich die nahen Bäche, die da überhaupt schon fließen, in meinen Garten leite und jetzt ein hochwirksames Bewässerungs-System mit vielen Kanälen gewinne, die an das lebendige Wasser der größeren Natur angeschlossen sind. Jetzt »fließt« es, strömt es wie von selbst. Teresa leitet dieses Bild, das wir wieder malen sollten, als ein neues Bild aus der Erkenntnis ab, dass auch seelische Erfahrung, spirituelle Erfahrung in Fluss kommt, wenn man sich ihr regelmäßig zuwendet, ihr Libido zuströmen lässt, sie pflegt. Dann wächst etwas.

Teresa aber führt uns weiter zu dem schönsten Vorgang,

den jeder Gärtner, jede Gärtnerin kennt: dass es nämlich nach einem heißen Sommertag zu regnen beginnen kann, dass der Regen frei und reichlich vom Himmel fällt, so dass alles erfrischt wird, was da lebt, dass alles sich aufrichtet und duftet. Es ist »der Segen des Himmels selbst«, der ungesucht, unverfügbar und spontan über dem Garten aufgeht. Hier kann uns die Erinnerung kommen, dass auch wir solchen beglückenden Regen schon erlebt haben, was wir nun festhalten sollten. Auch können wir die damalige Situation aus der Erinnerung heraus malen und unsere Dankbarkeit dafür noch einmal ausströmen lassen.

Zu Edith Stein:

Wenn wir Edith Steins Zugang zur mystischen Erfahrung nachvollziehen wollen, dann geht es um den Umgang mit unumgehbarem, gleichsam schicksalhaft zugemutetem Leiden, wie es zum Beispiel soziale Ausgrenzung, politische Verfemung bis hin zur Gefahr der Vernichtung sein können, wie Edith Stein, die dem Rassismus des NS-Regimes ausgeliefert war, es erfuhr. Es geht hier um den Extremfall des Leidens unter einem politischen Regime, dem man allenfalls zu entkommen, das man aber mit den gegebenen Mitteln nicht zu beeinflussen vermag. Edith Steins extremes Leiden scheint sie zu einem besonderen Fall zu machen, der unsere persönliche Leidenserfahrungen übersteigt. Wir dürfen dies nicht verkleinern und die Ebenen nicht verwechseln. Umso mehr können wir von ihr lernen: Was im Extremfall trägt, trägt auch in anderen Formen schweren Leidens, wie sie Trennung, schwere Krankheit, Verlust und Tod über uns bringen können.

Auch heute erleiden unzählige Menschen totalitäre Regimes, wie das in Nord-Vietnam, in Birma, in Somalia geschieht, die unter Regimes leben, die uns zunächst entfernt erscheinen und auch sind: doch das zwischenmenschliche Problem der Gewalt, der psychischen, physischen und politischen Gewalt, unter die man als Mensch geraten kann, ist allgegenwärtig. Auch die Zahl derer unter uns ist nicht gering, die in der zweiten und dritten Generation unter jenen Gewalttaten des NS-Regimes noch leiden, das ihnen oft das ganze Familiennetz zerriss. Wie kann man diese schweren Traumatisierungen, die Generationen übergreifen, als Mensch und menschlich überstehen und bestehen?

Wenn wir Edith Steins »Kreuzeswissenschaft« auch nur in den Anfangsgründen mitvollziehen wollen und können, so müssen wir – wie auch Teresa von Avila es tat – »mit Christus« in den Garten Gethsemane gehen (indem wir diese Situation imaginieren) und »mit Gott« darum ringen, dass »der Kelch«, dieses schwere Schicksal vorübergehe. Ehe wir uns hier, was uns dimensional überstiege, mit Christus zu identifizieren versuchen, könnten wir uns eher mit einem der Jünger vergleichen, auf die Jesus in dieser Situation hoffte – »könnt Ihr nicht eine Stunde mit mir wachen?« – und zu versuchen, nicht zu kläglich zu versagen, wie sie, indem sie sich von Müdigkeit und Resignation übermannen ließen.

Es geht zuerst um dieses Wach-Sein, Wach-Bleiben, und »mit Christus« an Ungerechtigkeit und Unverstand der Welt, die den Tod bedeuten können, mitzutragen. Es gilt, Christus als Symbol dafür zu verstehen, dass »Gott«, dass »das Leben selbst« daran leidet, wo Menschen leiden, auch wo Natur leidet. Und dass es gilt, da bei Gott zu stehen, dafür mit einzustehen, dass dieses Leiden bemerkt und gewandelt wird. Wie aber? Eben dies kann unsere Meditation sein.

Erste Übung:
Es gilt, wie Edith Stein selbst es tat, zunächst einmal jeden möglichen Widerstand gegen Entwicklungen zu leisten, die andere Menschen und uns selbst in solches Leiden führen können: Wie Edith Stein, nachdem sie Glied der Kirche geworden war, zunächst ein Mahnschreiben an den verantwortlichen Bischof, schließlich an den Papst selbst richtete, die Judenverfolgung öffentlich zu verurteilen, zu stoppen. Sie wagte damit nichts Geringes. Auch uns könnte solche ein Aufdecken gefährlicher politischer Situationen, die Menschen in Gefahr bringen, in bestimmten Fällen aufgetragen sein.

Edith Stein drängte sich nicht ins Märtyrertum, sondern versuchte zuerst, in einem Karmel-Kloster der Niederlande und dann, als auch dies sich als gefährlich erwies, Zuflucht in der Schweiz zu finden.

Auch für uns kann es eine Übung sein, uns um unseren eigenen Schutz zu bemühen, uns nicht Gefahren auszusetzen, die uns umbringen können und doch die Dinge, denen wir dienen wollen, nicht unbedingt voranbringen würden.

Zweite Übung:
»Doch nicht wie ich will, sondern wie Du«, so betete Jesus in Gethsemane. Es kann geschehen, dass das Schwere unvermeidbar, unentrinnbar wird, schicksalhaft. In der Vorstellung eines »Schicksals« steckt auch heute noch, dass einem da etwas »geschickt« wird. Von wem aber? Es vermag einen aufzufangen wie nichts anderes, wenn einem – wie noch Edith Stein – eine personale Vorstellung von Gott, eine personale Beziehung zu Gott gegeben ist. »Nicht wie ich will, sondern wie Du«, kann man da sagen, und das Schicksal als »Kelch« aus größeren Händen entgegennehmen als aus denen der Menschen, die es einem in Hass bereiten, wie zum Beispiel die Schergen eines Terrorsystems.

Bei dem Versuch, das Schicksal aus den Händen eines göttlichen Du entgegenzunehmen, gewinnen wir eine unüberwindliche Freiheit. Auch bei a-personaler und transpersonaler Vorstellung des Lebenszusammenhangs wie im Buddhismus, die der Weltsicht vieler Menschen heute entspricht, könnte es möglich sein, das persönliche Lebens- und Leidensschicksal über die direkten Verursacher hinauszuheben und in einen größeren Lebenszusammenhang zu stellen, um es von dort her anzunehmen zu versuchen. Nur Angenommenes, und sei es noch so schwer, kann verwandelt werden. Und um Verwandlung des Schicksals als persönlichen Beitrag zur Verwandlung der Welt ist solche »Kreuzeswissenschaft« zu sehen. Da es unabdingbar ist, die großen und tragischen Dimensionen des Lebensschicksals der Edith Stein nicht zu verwischen, kann es für uns nicht um eine Identifizierung, sondern allenfalls um eine analoge Einstellung zu unserem eigenen Schicksal gehen: es annehmen zu lernen aus den größeren Händen des Lebens selbst, das uns umfasst und dem inneren Ziel entgegenträgt, auf das wir angelegt sind. Nur was angenommen wird, kann uns verwandeln. Damit wird dieses Schicksal, welches es auch sei, selbst gewandelt.

Versuchen wir im Sinne des großen jüdischen Philosophen Spinoza eine Übung im *»amor fati«*, in der »Liebe zum Schicksal« zu gewinnen. Zuvor gilt es zu erkennen, wo in meinem Leben das Schicksalhafte, das unabweisbare Leiden liegt. Es wäre niederzuschreiben oder auch als Bild zu gestalten, finden wir die eine oder andere Farbe dafür, sprechen wir mit diesem Schicksal wie mit einem Du und schreiben wir diesen Dialog nieder.

Zu Dorothee Sölle:

Wenn ich Dorothee Sölles Gedanken mitvollziehe, dass »das Leben selbst«, dass »Gott« mich »geträumt« haben könnte: Wie könnte sein »Traum von mir« ausgesehen haben?

Ich versuche, Gottes Traum von mir, soweit ich ihn erahne, von dem, was ich sein und werden könnte, mir vorzustellen und niederzuschreiben.

Ich füge hinzu, was ich von »Gottes Traum« vielleicht in meinem Leben schon verwirklichen konnte und was ich noch verwirklichen möchte.

Ich versuche, »Gottes Traum« von mir weiter zu träumen, weiter zu imaginieren.

Erste Übung:
Um Dorothee Sölles weitere Vorstellung, dass ich »Gottes Baum« sei, »gepflanzt an den Wasserbächen des Lebens«, nachzuvollziehen, kann ich versuchen, mich als »Gottes Baum« zu malen, der nahe an Bächen voll lebendigem, strömenden und sprudelnden Wassers steht und von ihnen gespeist wird. Beim Imaginieren und Malen kann ich mich selbst als dieser Baum fühlen, der von den Kräften »des Lebens selbst« erfrischt, ernährt und zu immer neuem Wachstum angeregt wird. Ich fühle, wie dieser Baum seine Wurzeln ausstreckt und die Säfte und Kräfte des Lebens aus dem Boden saugt, hinauf in Stamm und Äste, Zweige und Blätter. Er kann und wird, wie es in Psalm 1 heißt, »Frucht tragen zu seiner Zeit, und seine Blätter verwelken nicht«. – Ich versuche, diesen Gedanken des Psalms auf mein Leben anzuwenden.

Ich vollziehe Dorothee Sölles Gedicht nach, in dem sie mit einem Baum spricht, über die Jahreszeiten der Natur und des darin eingebetteten Menschenlebens, spreche mit ihm über sein Baumleben und über mein Menschenleben mit Blüte, Fruchtbarkeit, Herbststürmen und Vergänglichkeit. Auch ich versuche ein Gespräch mit einem Baum, der mich dazu einlädt, weil er mich irgendwie anspricht durch seine Gestalt, seinen Standort, seine Zartheit oder auch seine Wetterfestigkeit, seine Gesundheit oder auch durch seine Angeschlagenheit, seine Narben durch Stürme oder Blitzschläge: Ich versuche, mit ihm in seiner Baumheit zu sprechen und aus seiner Stille heraus die Antworten zu erspüren, die aus seinem und meinem gemeinsamen Leben und unser beider Lebendigkeit kommen.

Ich spreche mit ihm auch über Dorothees Gedanken, dass das Ja zur Sterblichkeit, des Baumes wie des Menschen, nichts anderes als eine Konsequenz ökologischen Denkens sei.

Zweite Übung:
Ich lasse mich auf Dorothees Hoffnung ein, die sie mit dem Gebet des Franz von Assisi verbindet, dass »Gott« uns zu einem »Werkzeug seines Friedens« machen möge. Dabei beginne ich mit der Frage, wo in meinem persönlichen Leben ungelöste Konflikte und Versöhnung anstehen. Ich frage mich, was von meiner Seite her die Versöhnung behindert oder gar verhindert. Sehne ich mich nach ihr (warum) oder fürchte ich mich vor ihr (aus welchen Gründen)? Was fürchte ich? Ich mache mir auch klar, dass ich selbst durch den Konflikt und die Unversöhnlichkeit einiges verloren habe, außen und innen, und was ich mir durch eine mögliche Versöhnung, und sei sie vielleicht nur bei mir möglich, falls das Gegenüber nicht mitmacht – selber wiederschenkte. Ginge es nicht auch um eine Versöhnung mit mir selbst, eine Überwindung der Verbitterung, die das Selbst- und Lebensgefühl vergällt? Ginge es nicht um ein inneres Wiedergewinnen der Gefühle für den in dem Konflikt verlorenen anderen Menschen? Wie wäre es

möglich, mich aufrichtig an seine Stelle und in ihn hinein zu versetzen, um Ansätze für ein Verstehen und vielleicht für eine Verständigung zu finden?

Die gleichen Gedankengänge und Überlegungen könnten mir vielleicht auch helfen, einen unversöhnten beruflichen Konflikt innerhalb meines Teams, meiner Institution neu anzugehen – und letztlich auch die Weltkonflikte mit einem inneren Mitgehen und Mittragen, oder durch Mitwirkung an ihrer Bewusstwerdung auffangen zu helfen? Wo könnte es auch für mich ein Mitengagement an der Friedens- und Versöhnungsarbeit geben, für die sich doch auch Dorothee Sölle unermüdlich einsetzte?

Dritte Übung:
Um auf den »Geschmack« an wirklicher Meditation zu kommen, kann ich Sölles Gedicht »Konzentrationsübung« Strophe für Strophe, Schritt für Schritt mit vollziehen: Es ist eine direkte Anleitung zur Meditation des Meeres, die von einem Nachsinnen über das Meer, zu einem Berührtwerden durch das Meer führt, das alle Sinne ergreift bis zur Ergriffenheit durch das Meer selbst, und in einer inneren Vereinigung mit dem Meer mündet.

Von Seiten des meditierenden Menschen her entspricht dem ein allmähliches Sich-Lösen von der Selbstbezogenheit, von der her er zunächst noch »über« dem Meer steht, noch über das Meer reflektiert, zu einem inneren Frei-Werden von sich selbst, bis eine selbstvergessene, hingerissene Vereinigung mit dem Meer geschehen kann.

Um ganz zu begreifen, worum es in dieser »Konzentrationsübung« auf das Meer geht, müssen wir uns vergegenwärtigen, dass »Meer« für den Menschen zugleich Symbol für »Unendliches« ist, für Unendlichkeit, im Sinn von unendlicher Tiefe und unendlicher Weite. Es geht also bei dieser »Konzentrationsübung« um Meditation der Unendlichkeit.

Anmerkungen

Anmerkungen zum Ersten Kapitel »Die Seele ist wie ein Wind« Hildegard von Bingen (1098–1179)

1 Das Leben der hl. Hildegard von Bingen. Ein Bericht aus dem 12. Jh., verfasst von den Mönchen Gottfried und Theoderich, aus dem Lateinischen übersetzt und kommentiert von Adelgundis Führkötter, Salzburg 1972: Vita (1972). Hinzu kommt der Briefwechsel als Quelle über wichtige Lebenssituationen.
2 Vita (1972), S. 71 f.
3 Riedel, Ingrid, Hildegard von Bingen. Prophetin der kosmischen Weisheit, Stuttgart 2005, S. 23–39.
4 in Forster, Edeltraud (Hrsg.), Hildegard von Bingen. Prophetin durch die Zeiten, Freiburg 1998.
5 Riedel, Ingrid, a.a.O. S. 185 ff., sowie Kap. 9, »Feuergeist und Tröster du«. Hildegard als Dichterin und Komponistin, S. 175–184.
6 Scherer, Wolfgang, Hildegard von Bingen. Musik und Minnemystik, Freiburg 1987.
7 Briefwechsel (1990^{2}), S. 25 f.; vgl. Vita (1972), S. 133 f.
8 ebd., S. 27
9 So in ihrer Vorrede zu Scivias. Hildegard von Bingen-Wisse die Wege. Nach dem Originaltext des Illuminierten Rupertsberger Kodex, ins Deutsche übertragen von Maura Böckeler, Salzburg 1954; 1987^{8}. S. 23.
10 vgl. Kap. IV: Richardis und Volmar. Die Weggefährten Hildegards, in Riedel (2005), Hildegard, S. 51 ff.
11 Hildegard von Bingen, Lieder, Salzburg 1969, S. 305–307.
12 Briefwechsel, a.a.O.
13 Scivias; liber vitae meritorum; liber divinorum operum; causae et curae (Heilkunde); physica (Naturkunde); Lieder; zu den verschiedenen Ausgaben vgl. Literaturverzeichnis in Riedel (2005), S. 227, 228.
14 vgl. Hildegard von Bingen, Welt und Mensch, de operatione dei. Aus dem Genter Kodex übersetzt und erläutert von Heinrich Schipperges, Salzburg 1965. (= WM)

15 vgl. Hildegard von Bingen, Der Mensch in der Verantwortung. Das Buch der Lebensverdienste, liber vitae meritorum, nach den Quellen übersetzt und erläutert von Heinrich Schipperges, Salzburg 1972; 19853 .liber vitae meritorum. (= MV)

16 vgl. Hildegard von Bingen, causae et curae. Heilkunde. Übersetzt und erläutert von Heinrich Schipperges, Salzburg 1957, 1981; Hildegard von Bingen, physica. Naturkunde. Übersetzt und herausgegeben von Peter Riethe, Salzburg 1959, 1980.

17 Riedel, Ingrid, Hildegard von Bingen: Prophetin der kosmischen Weisheit., Stuttgart 2005., S. 11.

18 Schmidt-Görg, Josef, Die Gesänge der hl. Hildegard, in Barth, P./Ritscher, I., Hildegard von Bingen. Lieder. Notenbuch mit lateinischen und deutschen Texten. Salzburg 1969.

19 Hildegard von Bingen, Das Buch von den Fischen. Nach den Quellen übersetzt und erläutert von Peter Riethe, Salzburg 1991.

20 Hildegard von Bingen, causae et curae, a.a.O.

21 vgl. Heinrich Schipperges; er übersetzte und kommentierte Hildegards Werke de operatione dei (»Welt und Mensch«); de vitae meritorum (»Der Mensch in der Verantwortung«); Scivias (»Wisse die Wege«); Ders., Hildegard von Bingen. Ein Zeichen für unsere Zeit; Frankfurt 1982.

22 in »Lieder«, 258 f.; vgl. dazu den lateinischen Text und Interpretation in Riedel a.a.O., S. 188–191.

23 vgl. Riedel a.a.O., Kap. VII: Der Weisheit grüner Mantel, S. 109 ff.

24 zu »Schau X« aus *de operatione dei* (aus dem Codex von Lucca). Abgebildet als Tafel VII, »Die grüne Sophia«, in Riedel a.a.O. Hildegard von Bingen.

25 zur Grünheit in »Heilkunde«, S. 89 f., 101 f., 178 f., 215.

26 ebd., S. 215.

27 Kast, Verena, Imagination als Raum der Freiheit. Der Dialog zwischen dem Ich und dem Unbewussten, Olten 1988.

28 Leuner, Hanscarl, Katathymes Bilderleben, Stuttgart 1982[3].

29 Vita, S. 111.

30 Vita, S. 111–126, worin auch Hildegards Briefwechsel über den Fall Sigewiza enthalten ist.

31 vgl. 30.

32 vgl. hierzu vor allem die Faksimile-Ausgaben des Rupertsberger Scivias-Codex und des Codex von Lucca zu de operatione dei.

33 Aus de operatione dei, in Heinrich Schipperges (übersetzt und herausgegeben), »Welt und Mensch«, Salzburg 1965.

34 Heilkunde (1981), S. 306.

35 Scivias, übersetzt von Maura Böckeler, S. 384.
36 Briefwechsel, S. 226 f.
37 Briefwechsel, S. 227.
38 Scivias, S. 384 (Übersetzung von Maura Böckeler).
39 Riedel (2005), S. 28; vgl. die Vita Juttas von Sponheim. Dazu Staab, F. (1998), Aus Kindheit und Lehrzeit Hildegards, in: Forster, E. (Hrsg.), Hildegard von Bingen. Prophetin durch die Zeiten, Freiburg 1998.
40 Briefwechsel, S. 190–200; Auch: Gössmann, Elisabeth, Das Menschenbild der Hildegard von Bingen und Elisabeth von Schönau vor dem Hintergrund der frühscholastischen Anthropologie, in: Dinzelbacher, P./Bauer, D.R., Frauenmysthik im Mittelalter, Ostfildern 1985, S. 241.
41 Briefwechsel, S. 226 f.
42 Briefwechsel, S. 226 f.
43 Welt und Mensch (= WM), III, 2. 133
44 Ordo virtutum (= OV), lateinische Ausgabe Pitra S. 457–465:
45 Universum als »Leib Gottes«, in: Riedel (2005), S. 81, 82.
46 Gottes »Dunkelfeuer«, in: Riedel (2005), S. 80.
47 WM X, 1. 281.
48 WM I, 1. 25.
49 WM IX, 3. 269.
50 WM X, 1. 281.
51 Briefwechsel, S. 200.
52 Vita, S. 112–126, worin auch Hildegards Briefwechsel über Sigewiza enthalten.
53 Lieder, Von der Tiefe bis hoch zu den Sternen.
54 Briefwechsel mit Friedrich Barbarossa, Briefwechsel, S. 82–86.
55 Kirchenpolitische Tatsache, Briefwechsel S. 235–246.
56 Riedel (2005), Kap. VII: »Der Weisheit grüner Mantel«, dazu Farbtafel VII zu Schau X, aus »Welt und Mensch« (dort Tafel 14).
57 Lied XIX, aus »Lieder«; ebenso der Text in der Übersetzung von Maura Böckeler, in Scivias, S. 384.

Werke:

Vita: Das Leben der hl. Hildegard von Bingen, ein Bericht aus dem 12. Jh., verfasst von den Mönchen Gottfried und Theoderich, aus dem Lateinischen übersetzt und kommentiert von Adelgundis Fuhrkötter, Salzburg 1972.
Briefwechsel: Hildegard von Bingen, Briefwechsel. Nach den ältesten Handschriften übersetzt und erläutert von Adelgundis Fuhrkötter, Salzburg 1965, 1990².

MV: Hildegard von Bingen, Der Mensch in der Verantwortung. Das Buch der Lebensverdienste, *liber vitae meritorum*, nach den Quellen übersetzt und erläutert von Heinrich Schipperges, Salzburg 1972; 1985[3].

WM: Hildegard von Bingen, Welt und Mensch, *de operatione dei*. Aus dem Genter Kodex übersetzt und erläutert von Heinrich Schipperges, Salzburg 1965.

Lieder: Hildegard von Bingen, Lieder. Nach den Handschriften hrsg. von Pudentiana Barth, Immaculata Ritscher und Joseph Schmidt-Görg, Salzburg 1969.

Scivias: Hildegard von Bingen – Wisse die Wege. Nach dem Originaltext des Illuminierten Rupertsberger Kodex, ins Deutsche übertragen von Maura Böckeler, Salzburg 1954; 1987[8].

causae et curae: Hildegard von Bingen, causae et curae. Heilkunde. Übersetzt und erläutert von Heinrich Schipperges, Salzburg 1957, 1981; Hildegard von Bingen, physica. Naturkunde. Übersetzt und herausgegeben von Peter Riethe, Salzburg 1959, 1980.

Anmerkungen zum Zweiten Kapitel:
Die Mystik der Liebe zum »Fern-Nahen«.
Marguerite Porète (1255–1310)

1 Näheres zum Animus-Archetyp in: Kast, Verena, Paare. Wie Phantasien unsere Liebesbeziehungen prägen Stuttgart 2000, S. 194 ff.

2 zum Brunn, Emilie und Epinay-Brugard, Georgette, Women Mystics in Medieval Europe, New York 1989, S. 211.

3 Marguerite Porète, Der Spiegel der einfachen Seelen. Wege der Frauenmystik. Aus dem Altfranzösischen übertragen und mit einem Nachwort und Anmerkungen von Louise Gnädinger, Zürich und München 1987.

4 Sölle, Dorothee,Marguerite·Porète und der hinreißend Fernnahe«, in: dies., Mystik und Widerstand. »Du stilles Geschrei«, Hamburg 1997, S. 158 ff. vgl. Leicht, Irene.

5 Hierzu das Nachwort von Louise Gnädinger (Anhang) unter dem Titel »Margareta Porète, eine Begine«, in: »Der Spiegel der einfachen Seelen«, S. 215–236.

6 Der Spiegel der einfachen Seelen, a.a.O., S. 5: Überschrift über das Inhaltsverzeichnis: »Der Spiegel der einfachen vernichtigten Seelen, und jener, die einzig im Wollen und Verlangen der Liebe verbleiben.«

7 Sölle, a.a.O., 159.

8 »Über den Winden und Regengüssen«, Der Spiegel der einfachen Seelen, a.a.O., S. 103.
9 Der Spiegel, S. 50 ff.
10 Sölle, a.a.O., S. 159.
11 zum Brunn u.a., a.a.O,, S. 150.
12 zum Prozess: Der Tod auf dem Scheiterhaufen, in: Der Spiegel der einfachen Seele, S. 215–217; ferner: Leicht, Irene, Marguerite Porète. Eine Frau schreibt und stirbt für die Freiheit, München 2001, S. 91–125.
13 Gnädinger, Louise, Die Beginenbewegung in: Der Spiegel der einfachen Seelen, a.a.O., S. 218–225; Leicht, Irene, a.a.O., S. 18 ff., 26 ff.
Sölle,Mystik und Widerstand, a.a.O., S. 159 f.; 183 f.; 212–217.
14 Gnädinger, Luise, in: Der Spiegel der einfachen Seelen, a.a.O., S. 221.
15 Gnädinger, Luise, in: Der Spiegel der einfachen Seelen, a.a.O., S. 225–230.
16 Der Spiegel der einfachen Seelen, a.a.O., S. 24 f.
17 Der Spiegel der einfachen Seelen, a.a.O., S. 24 f.
18 Der Spiegel der einfachen Seelen, a.a.O., S. 23.
19 ebd.
20 »foi sans oeuvre«, Sölle, a.a.O., S. 164; Gnädinger, Louise, a.a.O., S. 30: »..., dass diese Seele sich durch den Glauben rettet, ohne Werke«.
21 Gnädinger, in: Der Spiegel der einfachen Seelen, a.a.O., S. 232–236.
22 Der Spiegel der einfachen Seelen, a.a.O., S. 126 (81.)
23 Der Spiegel der einfachen Seelen, a.a.O., S. 126 (82.)
24 Der Spiegel der einfachen Seelen, a.a.O., S. 51.
25 Der Spiegel der einfachen Seelen, a.a.O., S. 51.
26 Der Spiegel der einfachen Seelen, a.a.O., S. 88.
27 Der Spiegel der einfachen Seelen, a.a.O., S. 88.
28 Verurteilung ihrer Sätze: Leicht, Irene, a.a.O., S. 93; 100–112; 125.
29 Der Spiegel der einfachen Seelen, a.a.O., S. 51.

Anmerkungen zum Dritten Kapitel: Gottes Freundschaft. Teresa von Avila (1515–1582)

1 Lorenz, Erika (Hrsg.), Teresa von Avila, »Ich bin ein Weib – und obendrein kein gutes«: Eine große Frau, eine faszinierende Mystikerin, Freiburg 7. Aufl. 2009, S. 131.
2 Übersetzung von Erika Lorenz, in: Lorenz, Erika, Teresa von Avila. Licht und Schatten, Schaffhausen 1982, S. 81–102.
3 in: Lorenz, Erika/Loose, H.N., Teresa von Avila. Eine Biografie mit Bildern, Freiburg 1993, S. 89.
4 Feldmann, Christian, Teresa von Avila. Seelenburg, Freiburg 1999, S, 13.
5 ebd., S. 12 f.
6 Herbstrith, Waltraud, Teresa von Avila, in: Thiele, Johannes (Hrsg.), Mein Herz schmilzt wie Eis am Feuer. Die religiöse Frauenbewegung des Mittelalters. Wege der Mystik, Stuttgart 1988, S. 291.
7 Teichert, Wolfgang, Gärten, Stuttgart 1986, S. 114.
8 Repges, Walter, Nach Spanien Reisen, um Gott zu finden. Auf den Spuren der Mystiker, Frankfurt/M. 1996, S. 59.
9 Vida (1562–65), (Autobiografie): Die erste Fassung 1560–62, Inquisition, s. Herbstrith, S. 281, soll uns hier durchgehend als Quelle für die Biografie dienen.
10 Neuausgabe und durchgehend neue Übersetzung bei Herder-Verlag, Freiburg.
Die Seelenburg. Ausgabe bei Herder: (1577), Los morados del castillo interior. Die Wohnungen der inneren Burg, Herbstrith, S. 281.
11 dazu: Teichert, Gärten, a.a.O., S. 102.
12 Selbstbeschreibung (je mehr an Gott gebunden, desto mehr Mensch), Ges. W. 5, S. 283.
13 Herbstrith, S. 291.
14 in: »Ich bin ein Weib ...« (Teufel, Teufel), bei Herbstrith, S. 281; auch 291.
15 Teichert, S. 118; Ges. W. 1, S. 128; Vida 40, 8–10.
16 ebd., (Teufel als Maler), F 8, 1–3.
17 ebd., (»... und käme es vom Teufel«), F 8, 1–3.
18 zum Biografischen vgl. Sudbrack, Josef (Hrsg.), Zeugen christlicher Gotteserfahrung, Mainz 1981, S. 132–134; Herbstrith, S. 280 ff.
19 bei Teichert, S. 112; vgl. Schneider, Reinhold, Theresia von Spanien, München/Zürich 1946, S. 5 ff.
20 ebd.
21 Sudbrack, a.a.O.

22 Psychosomatische Erkrankungen, Vida, Teichert, a.a.O., S. 114. (Zur ganzen Geschichte ihrer Entwicklung vgl. die Vida.)
23 Aus Angst: Herbstrith, a.a.O., S. 284.
24 Lorenz, a.a.O. S. 17.
25 Vida 9, 1–3.
26 Lorenz, a.a.O.,, S. 17, 16. Ein regulärer weiblicher Orden war zur Zeit von Eckart und Teresa noch nicht entwickelt. Sie traf im Karmel von Avila nicht, wie meist angenommen, auf ein verlottertes Frauenkloster, sondern auf eine im Umbruch begriffene Klostergemeinschaft.
27 Herbstrith, a.a.O., S. 291.
28 Sölle, Dorothee: »Gib mir die Gabe der Tränen, Gott …«
29 aus: »Ich bin ein Weib …« a.a.O., S. 50; Vida 8, 4–5.
30 ebd., S. 50 f., Vida 9, 4–5.
31 ebd., S. 51; Vida 9, 4–5.
32 ebd., S. 51; Vida 9, 4–5.
33 ebd., S. 95, F 5, 1–13 (Libros de las Fundaciones).
34 ebd., F 5, 1–13.
35 zit. bei Herbstrith, a.a.O., S. 286.
36 zit. ebd.
37 4 M 2,2.
38 Lorenz, a.a.O., S. 102 f.; F 3, 17, cta 304., F 13, 1 und 5.
39 Johannes vom Kreuz; 1980, S. 121; Noche Oscura.
40 Stein, Edith, Kreuz und Nacht, S. 28–128; S. 35 (Text des E. Cr. III, 157).
41 cta. 261.
42 cta. 98; cta. 206, 208; F 29, 30–32.
43 cta. 246.
44 Lorenz, S. 20 ff.
45 »Wenn Rebhuhn, dann Rebhuhn, wenn Buße, dann Buße.«
46 Herbstrith, S. 292.
47 Lorenz, S. 139.
48 Quelle unbekannt.
49 V. 37.6.
50 Ges. W. 1, S. 108, Vida, 11, 6–7.
51 ebd., S. 108 f.
52 ebd.
53 ebd.
54 4 M 2,2.
55 4 M 2,6.
56 Las moradas del Castillo interior, Die Wohnungen der inneren Burg.
57 Lorenz, a.a.O., S. 132.
58 ebd.

59 ebd., S. 133.

60 Es sind im folgenden eigene Gewichtungen und Zusammenfassungen des Wesentlichen, wie ich es verstehe. Ich orientiere mich hierbei an den Zuordnungen, die Christian Rutishauser in seinem Beitrag »Teresa von Avila und Ignatius von Loyola« getroffen hat, in: Rutishauser, Christian (Hrsg.), Mystische Wege in den Weltreligionen, Bad Schönbrunn 2003, S. 94–97.

61 In: Dobhan, Ulrich/Peeters, Elisabeth (Hrsg. u. Übers., 2005), TVA, Wohnungen der Inneren Burg. Vollständige Neuübersetzung (die ersten Wohnungen, Kap. 1, 2, S. 77–104), Ges. W. Bd. 4.

62 ebd., S. 105–116.

63 ebd., S. 117–137.

64 ebd., S. 138–171.

65 ebd., S. 172–214.

66 ebd., S. 215–328.

67 ebd., S. 328–371.

Werke:

Dohban. Ulrich OCD, Peeters, Elisabeth OCD (Hg.), Teresa von Avila. Gesammelte Werke Bd. 1–6; Freiburg 2001 ff. Vollständige Neuübersetzung.

Die im Folgenden angegebenen Jahreszahlen stehen für die Zeiten der Entstehung. Die Abkürzungen, die für die Texte benutzt wurden, entsprechen denen der ersten Edition dieses Buches zugrundeliegenden Ausgabe der »Obras completas de Santa Teresa de Jesús«, Biblioteca de Autores Christianos, Madrid 6/1977. (Für Revisionen Madrid 8/1986).

1562–65	Vida (Autobiographie) V (Die erste Fassung 1560–62 ging verloren.)	
1560–81	Cuentas de Conciencia (Erfahrungsberichte)	CC
	Camino der perfección (Weg der Vollkommenheit)	
	Manuskript Escorial 1562–64	CE
	Manuskript Valladolid 1569	CV
1566/67,	1574 Meditaciones sobre El Cantar de Cantares (Gedanken über Das Hohelied), I und II	MC
1569	Exclamaciones del alma (Rufe der Seele)	E
	Libro de las Fundaciones (Buch der Klostergründungen)	F
1577	Las Moradas del Castillo interior (Die Wohnungen der inneren Burg)	M
1546–82	Epistolario (Briefe)	Cta

Anmerkungen zum Vierten Kapitel:
Compassio: eine Mystik des Mit-Leidens.
Edith Stein (1891–1942)

1 Endres, Elisabeth, Edith Stein. Christliche Philosophin und jüdische Märtyrerin, München, 2. Aufl. 1987, S. 278.
2 Bonhoeffer, Dietrich, Widerstand und Ergebung. Briefe und Aufzeichnungen aus der Haft, München 1954. S. 246 f.
3 Herbstrith, Waltraud, Edith Stein. Ein Lebensbild in Zeugnissen und Selbstzeugnissen, Mainz, 1993, S. 64.
4 GHO 1992, S. 238–240.
5 ESGA 3, Nr. 580. (= Edith Stein Gesamtausgabe, Selbstbildnis in Briefen III, Freiburg 2001–2005. In einem Brief an Roman Ingarden, Nr. 352 und Nr. 580.)
6 Stein, Aus dem Leben einer jüdischen Familie. Vollständige Ausgabe (= Werke, Bd. VII), Dresden/Freiburg, S. 11.
7 ebd., S. 4 ff.
8 ebd., S. 6 f.
9 ebd., S. 7.
10 ebd., S. 6.
11 ebd., S. 43 f.
12 ebd., S. 45.
13 ebd., S. 45 f.
14 ebd., S. 46.
15 Herbstrith, Waltraud (Hg.), Erinnere dich – vergiss es nicht, Essen 1990, S. 108.
16 Herbstrith, Waltraud, Edith Stein. Jüdin und Christin, München 3. Aufl. 1998, S. 8.
17 Stein, Aus dem Leben einer jüdischen Familie, a.a.O.
18 ebd., S. 11.
19 ebd., S. 5.
20 Herbstrith, Edith Stein. Jüdin und Christin, a.a.O., S. 23.
21 ebd., S. 26.
22 Stein, Aus dem Leben einer jüdischen Familie, a.a.O. S. 53.
23 ebd., S. 51.
24 ebd., S. 56.
25 Herbstrith, Edith Stein. Jüdin und Christin, a.a.O., S. 28 f.
26 Stein, Leben, S. 121.
27 Herbstrith, Edith Stein. Jüdin und Christin, a.a.O., S. 28 f.
28 Verrat am jüdischen Glauben.
29 Stein, Leben, S. 121.
30 ebd., S. 123.
31 Herbstrith, S. 30.
32 Stein, Leben, S. 127 f.

33 Herbstrith, Edith Stein. Jüdin und Christin, a.a.O., S. 33.
34 ebd.
35 ebd., S. 35.
36 ebd., S. 37.
37 ebd., S. 37 f.
38 ebd., S. 41.
39 ebd., S. 41 ff.
40 Stein, Leben, S. 230.
41 ebd., S. 218.
42 ebd.
43 ebd., S. 218.
44 ebd., S. 243.
45 ebd., S. 246 f.
46 Herbstrith, Edith Stein. Jüdin und Christin, a.a.O., S. 46.
47 Stein, Leben, S. 262.
48 ebd., S. 286.
49 ebd., S. 333.
50 Herbstrith, Edith Stein. Jüdin und Christin, a.a.O., S. 55–52.
51 ebd., S. 52.
52 zitiert bei Herbstrith, Edith Stein. Jüdin und Christin, a.a.O., S. 52.
53 Aus dem Archiv Edith-Stein-Karmel, Tübingen, zitiert bei Herbstrith, S.53.
54 Stein, Leben, S. 362.
55 Herbstrith, Waltraud (Hg.), Edith Stein, Aus der Tiefe leben, München 1988, S. 64 ff.
56 ebd. S. 61.
57 ebd. S. 63, zitiert aus Edith Stein, »Erinnerungen«, die sie für ihre Priorin beim Abschied aus dem Kölner Karmel schrieb.
58 ebd., S. 63 f.
59 ebd., S. 66–74.
60 ebd., S. 70, nach der Tonbandaufnahme eines Gesprächs mit Uta von Bodman am 5.2.1956 (im Archiv Edith-Stein-Karmel, Tübingen).
61 Stein, Edith, Selbstbildnis in Briefen I (Werke Bd. VIII), S. 54.
62 Stein, Leben, a.a.O., S. 149.
63 ebd., S. 78.
64 Stein, Edith. Die Frau (Werke Bd. V), S. 99.
65 Stein, Edith, Die Frau, a.a.O., S. 101 f.
66 Herbstrith, Waltraud, Edith Stein. Ein Lebensbild in Zeugnissen und Selbstzeugnissen, a.a.O., S. 7.
67 ebd. 65.
68 ebd., S. 87.
69 ebd.

70 Sölle, a.a.O., S. 88.
71 Herbstrith, S. 89; Tonbandaufnahme vom 5.2.1956, Archiv Edith-Stein-Karmel, Tübingen.
72 Herbstrith, S. 93 (?).
73 Sölle, a.a.O., S. 192.
74 Stein, Edith Selbstbildnis in Briefen II, a.a.O., S 10.
75 Herbstrith, S. 94.
76 ebd., S. 95; vgl. Aus der Tiefe leben, S. 102.
77 Herbstrith, S. 97 f.
78 Herbstrith, Das wahre Gesicht Edith Steins, S. 154.
79 Herbstrith, S. 56.
80 Sölle, S. 193.
81 Herbstrith, S. 99.
82 Stein, Edith Aus der Tiefe leben, a.a.O., S. 102.
83 Herbstrith, S. 102.
84 Herbstrith, Das wahre Gesicht Edith Steins, S. 156.
85 Herbstrith, S. 104 f.; Selbstbildnis in Briefen II, S. 170.
86 Herbstrith, Das wahre Gesicht Edith Steins, S. 164.
87 ebd., S. 167.
88 Endres, a.a.O., S. 12.
89 Herbstrith, Das wahre Gesicht Edith Steins, a.a.O., S. 169 f.
90 ebd., S. 174.
91 ebd., S,. 113 ff.; S. 176; S. 178–180.
92 ebd., S. 169 f.

Werke:

Edith Stein. Gesamtausgabe in 26 Bänden, Freiburg 207 ff. Hg. Karmelitinnenkloster Maria vom Frieden in Köln. in Zusammenarbeit mit Hanna-Barbara Gerl-Falkovitz.

Anmerkungen zum Fünften Kapitel: Die Träumenden zum Handeln, die Handelnden zum Träumen bringen. Dorothee Sölle (1929–2003)

1 Sölle, Dorothee, Mystik des Todes, Kreuz-Verlag, Stuttgart 2003.
2 Sölle, Dorothee, Mystik und Widerstand., Hamburg 1995, S. 41. Copyright © 1995 by Hoffmann und Campe Verlag GmbH, Hamburg.
3 in: Sölle, Dorothee, Stellvertretung. Ein Kapitel Theologie nach dem Tode Gottes; Stuttgart 1982.
4 Sölle, Dorothee, Die Hinreise. Zur religiösen Erfahrung. Texte und Überlegungen, Stuttgart 1975.

5 Sölle, Dorothee, Politische Theologie. Erweiterte Neuausgabe, Stuttgart 1982, Sölle, Dorothee, Leiden, 2. Aufl. der Neuausgabe Stuttgart 2004; Sölle, Dorothee, Phantasie und Gehorsam. Überlegungen zu einer künftigen christlichen Ethik, Stuttgart 1968; Stellvertretung, a.a.O.
6 Sölle, Dorothee, Mystik und Widerstand, a.a.O., S. 131–146.
7 ebd., S. 151–173.
8 ebd., S. 174–201.
9 ebd., S. 202–222.
10 ebd., S. 223–240.
11 ebd., S. 55 ff.
12 ebd., S. 59 ff.
13 ebd., S.108 ff.
14 ebd., S. 293 ff.; S. 323 ff.; 347 ff.
15 in: Egner, Helga (Hg.), Die Suche nach Sinn heute, Düsseldorf 1990, S. 250–267.
16 in Egner, Helga (Hg.), Lebensübergänge, Düsseldorf 1995, S. 139–153.
17 in: Egner, Helga (Hg.), Neue Lust auf Werte. Herausforderung durch Globalisierung, Düsseldorf 2001.
18 ebd., S. 42.
19 Sölle, Dorothee, »die Ros' blüht ohn' Warum«, zitiert in: Egner, Helga (Hg.), Die Suche nach Sinn heute, a.a.O., S. 255 f. Aus: Dorothee Sölle, Zivil und ungehorsam. Gedichte 1990 © Wolfgang Fietkau Verlag, Kleinmachnow, S. 27.
20 Sölle, Dorothee, Wo wir wohnen. Aus: Sölle, Dorothee, Leben ohne lügen. Gedichte, 2000 © Wolfgang Fietkau Verlag, Kleinmachnow, S. 85.
21 Sölle, Dorothee, Mystik und Widerstand, a.a.O., S. 11 ff.
22 ebd., S. 16.
23 Sölle, Dorothee aus: Dorothee Sölle, Die revolutionäre Geduld. 1974 © Wolfgang Fietkau Verlag, Kleinmachnow
24 Sölle, Dorothee, Und ist noch nicht erschienen, was wir sein werden, München 1987.
25 Sölle, Dorothee, Träume mich, Gott. Geistliche Texte mit lästigen politischen Fragen, Wuppertal 1995.
26 Sölle, Dorothee, Erinnert euch an den Regenbogen, Freiburg 1999, S. 75.
27 Sölle, Dorothee, Die Hinreise. Zur religiösen Erfahrung. Texte und Überlegungen, Kreuz-Verlag, Stuttgart 1992
28 ebd., S. 174.
29 ebd., S. 167.
30 ebd., S. 167; vgl. auch: Sölle, Dorothee, Religionsgespräche. Zur geschichtlichen Rolle der Religion, Darmstadt/Neuwied 1975

31 Sölle, Dorothee / Metz, Johann Baptist / Kuschel, Karl-Josef (Hg.), Welches Christentum hat Zukunft? Stuttgart 1990
32 Sölle, Dorothee, Gegenwind, München 1999, S. 209.
33 Sölle, Dorothee, Es muss doch mehr als alles geben, Freiburg 2002.
34 Sölle, Dorothee,Träume mich, Gott. Geistliche Texte mit lästigen politischen Fragen, Wuppertal 1995.
35 Sölle, Dorothee, aus: Dorothee Sölle, Fliegen lernen, 1979 © Wolfgang Fietkau Verlag, Kleinmachow, S. 4.
36 Sölle, Dorothee, Träume mich, Gott. Geistliche Texte mit lästigen politischen Fragen, a.a.O.
37 Sölle, Dorothee, ich dein baum. Aus: Loben ohne zu lügen. 2000 © Wolfgang Fietkau Verlag, Kleinmachnow, S. 12.
38 ebd.
39 Sölle, Dorothee, Stellvertretung, a.a.O.
40 Sölle, Dorothee, Gegenwind, a.a.O.
41 Sölle, Dorothee, Gegen den Tod. Aus: Dorothee Sölle, Zivil und ungehorsam. Gedichte. 1990 © Wolfgang Fietkau Verlag Kleinmachow, S. 49.

Werke:

Dorothee Sölle, Gesammelte Werke, Band 1–12, Stuttgart und Freiburg 2006 ff.

Anmerkungen zum Sechsten Kapitel: Zugangswege zur Mystik. Übungen

1 Farbtafel in: Riedel, Ingrid, Hildegard von Bingen. Prophetin der kosmischen Weisheit. Kreuz-Verlag Stuttgart, 2. Aufl. 2005.
2 Farbtafel VII in: Riedel, Ingrid, Hildegard von Bingen. Prophetin der kosmischen Weisheit. Kreuz-Verlag Stuttgart, 2. Aufl. 2005.